ひきこもりと
家族の社会学

Masayoshi Koga
古賀正義
Ryoko Ishikawa
石川良子
編

世界思想社

目　次

序　章　「ひきこもり」を抱える家族の経験と社会
　　　　　　　　　　　　　　　　　………石川良子　1
　　1　問題関心
　　2　本書の概要

第1章　「ひきこもり」と家族の関係史
　　　──言説とその変容　　　　………工藤宏司　11
　　1　はじめに
　　2　「ひきこもり」前夜
　　　──〈不登校〉問題と「不登校・その後」への注目
　　3　「ひきこもり」社会問題化と報道における「家族」
　　　──「生き直し」「原因」「支援対象」
　　4　「対応主体」としての「家族」
　　　──精神医療と行政支援，そして批判者たち
　　5　「補完」される「家族」──直接支援の文脈
　　6　「ひきこもり」再分節化──「ニート」「ひきこもり高齢化」
　　7　「ひきこもり」再・医療化と地域資源ネットワーク化の進展
　　8　おわりに

第2章　「ひきこもり」実態調査とは何であったのか
　　　──2000年以降の経緯と担い手の変化を中心に
　　　　　　　　　　　　　………古賀正義・五味靖　45
　　1　公式調査による問題の発見・構築と世論の反響
　　2　マスメディアが喧伝するひきこもり問題
　　3　支援団体の活動と実態調査への傾斜
　　4　行政機関による調査と支援構築の視点
　　5　まとめと課題

第3章 「ひきこもり」問題と親たちの語り
──問題認知と過失・支援の狭間で　　　………古賀正義　75

1. ひきこもりの曖昧な性質と親調査の必要
2. ひきこもり問題の発現・責任と家族成員
3. 状態像としてのひきこもりと親の立場性
4. アンケート調査が教えるひきこもり家族の階層性
5. インタビュー調査にみるひきこもり問題の内実
6. ひきこもり状態と問題の認知，成育史との関連
7. ひきこもり問題に対する支援の選択と期待
8. 問題への向き合い方のジレンマ
9. 社会的自立への「過失／援助」という二重性
10. まとめと課題

第4章 「ひきこもり」と家族の実存的不安
………山本宏樹　105

1. ひきこもり言説の磁場と翻弄される親たち
2. ひきこもり家族の「実存的不安」
3. ひきこもりの子と親にとっての現代
4. 当事者と家族の存在論的安心のために

第5章 「ひきこもり」の当事者から見た家族関係
──「自立」と「自律」のあいだで………石川良子・関水徹平　125

1. はじめに
2. 「自律」の様相①──親子関係をめぐる語りの変化
3. 「自律」の様相②──親子関係の調整過程に着目して
4. おわりに

第6章 「ひきこもり」の親の会はどのような支援を行っているか
············滝口克典　145

1　はじめに
2　近代家族／ポスト近代家族と「ひきこもり」
3　山形県における親の会の活動概要
4　「ひきこもり」親の会の家族／若者支援
5　支援を通じて何が達成されているか
6　おわりに

第7章 「ひきこもり」をめぐる家族の経験
――複合的自叙伝によるアプローチ　············石川良子　169

1　はじめに
2　父親の物語
3　母親の物語
4　子どもの物語
5　ライフストーリーの重ね合わせから見えるもの

終　章　「ひきこもり」を理解する立場性と当事者の家族・親
············古賀正義　207

1　「自立支援ビジネス」の暗闇から
2　当事者としてのひきこもり家族
3　家族への介入に向かい始める支援

用語集　213
執筆者紹介　219

序章 「ひきこもり」を抱える家族の経験と社会

石川良子

1 問題関心

　「ひきこもり」[1]は,ひきこもっている本人の問題であると同時に,その家族の問題でもある。では,どのような意味で「ひきこもり」は家族の問題なのか。まずはこの点について,精神科医の斎藤環が概念化した「ひきこもりシステム」(斎藤 1998, 2002) を下敷きにして考えたい。

　「ひきこもりシステム」を構成するのは,ひきこもる本人,家族 (とくに親),社会の3つの主体である。社会において「ひきこもり」はあってはならないものとして否定されていることが前提になっており,本人も家族も,この前提を共有していると想定される。本人はひきこもることで罪悪感や焦燥感を抱き,家族はひきこもっている状態を何とかしようと説教したり叱咤激励したりする。しかし,そうした働きかけは逆効果でしかなく,ますます本人は頑なに閉じこもっていき,家族もさらに圧力をかけるようになる。

　このとき家族は「ひきこもり」を否定する社会のエージェント (代理人) として立ち現れている。したがって,ひきこもっている状態を解決するためには,まず本人に対する家族の働きかけ方や見方を変えることが必要だとされる。つまり,家族はひきこもっている状態を助長することもできれば,その状態に良好な変化を起こすこともできると考えられているのである。第一に,ひきこもっている本

人に正負の影響いずれも与えうる両義的な存在として，家族は「ひきこもり」に関与している。

　加えて重要なのは，社会のエージェントとしてひきこもっている本人の前に立ちはだかるときに依拠している常識や価値観は，本人だけでなく家族自身をも傷つけているということだ。とくに親は，子どもがひきこもったのは誤った子育てのせいであるといった非難に晒され，自責の念を抱かざるを得ない。こうして家族も世間の目を避けて孤立していく。これをもって「ひきこもりシステム」は完成する。社会との接点を失って密閉状態になった家庭のなかで，親子の争いが激しさを増すことは想像に難くない。ただし，親はひきこもった子どもを責めるばかりではなく，子どもの行く末を真剣に案じてもいる。だが，それが本人の求めるものと食い違っていれば拒絶を受け，親は自分の思いが受け入れられない悲しみと怒りに打ちひしがれるしかない。さらに，こじれた人間関係はときに家庭内暴力にまで発展し，そうなれば家族は精神的のみならず肉体的な苦痛にも脅かされることになる。つまり，家族は単なる関与者なのではなく，かれら自身も「ひきこもり」に苦しむ当事者なのだと言える。本書が何よりも掬い上げたいのは，このような当事者としての家族の葛藤と苦悩である[2]。

　また，家族が思い悩んでいるのは，ひきこもっている本人との関係だけではない。関水徹平は，家族（親）は家族成員（子ども）がひきこもっている現在の状態よりも，むしろ「退職後の親自身，親亡き後の本人，きょうだいへの影響，これらが渾然一体となった家族としての将来への生活への不安」（関水 2016: 113）に悩まされていることを指摘している[3]。このところ「ひきこもり」の長期化・高齢化が喧伝されているが[4]，その傾向についての指摘は2000年代半ばから始まっていた。それと同時に，将来の生活に対する不安も語られるようになったが，それから10年が経った今，もはや不安が

序章　「ひきこもり」を抱える家族の経験と社会

るだけでは済まなくなってきている。

　そもそも、ある家族成員がひきこもることが、なぜ家族全体の生活の危機として経験されるのか。これは、家族の面倒は家族で見るのが望ましいという規範に還元されるべきではなく、日本の生活保障制度に直結している問題として捉えなければならない(関水 2016)[5]。家族の面倒は家族で見るように制度が設計されているために、ひきこもっている本人だけではなく、その家族ごと生活が圧迫されるのである。その詳細をここで取り上げる余裕はないが、次の一点は押さえておきたい。それは、日本の生活保障制度は近代家族と呼ばれる家族体制を前提にしている、ということだ。

　近代家族とは、私たちの多くが「ふつうの家族」としてイメージする、以下のような家族である。父親／夫が働きに出て生活に必要なお金を稼ぎ、母親／妻は主婦として家事や育児、介護などを担う。そして、子どもは学校を卒業するまでは親に養われ、卒業後は自前で生活を賄っていく。近代家族は産業化を中心とする社会の変化とともに形成され、日本においては戦後の高度経済成長期に大衆化した(落合 2004)。しかし、それから半世紀の間に社会は大きく変動し、「ふつう」とされてきた家族のあり方を保つことは難しくなってきている。「ひきこもり」を抱える家族は「ふつうの家族」だとよく言われるが[6]、「ふつう」であるがゆえに、その「ふつう」を成立させてきた社会の変化に激しく揺さぶられているのだと言える。

　また、先ほど触れたような「ひきこもり」を抱える家族が経験している葛藤も、近代家族の規範に関連している。家族成員が互いを個人として尊重しつつ、情緒的な絆で結ばれていることを理想とするのも近代家族の特徴のひとつである。ただし、家族を強く結びつけるのは温かな愛情だけではない。現実にはもっと複雑な感情が渦巻いている。ひきこもった本人とその家族が傷つけ合ってしまうのは、第4章で描かれるように、心底憎み合っているからではなく、

3

相手からの承認をお互いが切実に求めているからだ。このような愛憎関係は，その家族の個別的な経験であると同時に，感情の坩堝（るつぼ）としての近代家族のありようを体現していると言える。

　以上から強調したいのは，「ひきこもり」を抱える家族の苦悩や葛藤は，その家族だけを見ていても捉えきれるものではなく，また個々の家族の努力によってのみ解消できるものでもない，ということである。このことを踏まえつつ，本書は「ひきこもり」を抱える家族の経験に分け入っていく。それによって「ひきこもり」が家族の内部で完結する問題ではないことが，より明確になるだろう。これは個々の家族に責任を押しつけることなく，問題を解決していく糸口を得るためにも不可欠な作業である。

2　本書の概要

2.1　本書の出発点

　本書を企画するきっかけになったのは，2007年と2008年に東京都青少年・治安対策本部が実施した「ひきこもりに関する実態調査」である。編者の1人である古賀は1年目からこの調査に参加し，2年目にはもう1人の編者である石川も調査員として加わった。

　この調査では質問紙調査の回答者のうち協力を申し出てくれた家族にヒアリングも行っている。そこで聞いた協力者たちの切実な声を広く伝えたいというのが，本書の出発点である。第3章と第4章は，このヒアリングに多くを負っている。調査に協力してくださった皆様に，この場を借りて改めてお礼を申し上げたい。

2.2　各章の内容

　第1章では，新聞や雑誌などのメディアで「ひきこもり」とその家族がどのように語られてきたのか丹念に検討し，複数の家族イ

メージを取り出している。なかでも重要なのは、家族が「支援対象」でありながら「対応主体」としても位置づけられているということである。ただし、家族へのケアが重視されるのは、家族の心持や振る舞いを改めること、すなわち「生き直し」が、ひきこもっている本人に良好な変化をもたらすと考えられているからだ。その意味で、「ひきこもり」の支援において家族はあくまでも「対応主体」として位置づけられている。また、安心してひきこもれる環境の提供、親亡きあとの生活基盤の準備、支援サービスを利用するための費用の捻出など、家族に課せられている責任は重い。ひきこもっている本人ともども家族が穏やかに暮らしていくためにはどうすればよいのか。同章は、これらのことを議論していくうえで不可欠な問題状況の見取り図を提供してくれる。

　第2章は、「マスメディア」「支援機関」「行政」の3つの機関に焦点を当て、「ひきこもり」が社会問題・若者問題として実体化していく過程を明らかにしようとするものである。「ひきこもり」とは基本的に、家族以外の他者との交流が長期的に失われている状態である。そのため外部から問題化することが難しく、いわば「存在しながら見えない問題」だった。1990年代後半から2000年代初頭にかけて、マスメディアは地道な取材を通して問題を可視化することに貢献した。そして、2000年代中頃から盛んになった支援機関や行政による数々の実態調査は、「ひきこもり」を操作的に定義しながら実態を数量的に把握し、問題の深刻さと広がりを提示することで、体系的な支援を推進するための根拠を獲得してきた。ただし、実施主体の思惑や利害を度外視して調査結果にのみ注目することは、結局、ひきこもっている本人やその家族を取り残すことになりかねない。このことには、十分注意する必要がある。

　第3章と第4章は、親たちの経験に光を当てる。第3章は、前述の東京都調査に基づくものである。まず、アンケート調査から「ひ

きこもり」を抱える家族の階層性が明らかにされる。調査対象の大半は支援団体や親の会に参加している人々であり，「ひきこもり」を抱える家族の全体を捉えきれているわけではないものの，調査結果からは，比較的経済力があって教育熱心な親たちが問題に直面し，その解決に向けて努力している姿が浮かび上がってくる。次いでヒアリング調査をもとに，親たちが目の前の問題状況を「ひきこもり」として認知していく過程と，問題に対処するなかで経験される様々な葛藤が描き出される。そのなかでとりわけ重要なのは，子育ての誤りゆえに問題を生み出してしまった「過失者」と，ひきこもった子どもの自立を助けなければならない「支援者」という2つの役割の間で，親たちが板挟みになっているという指摘である。このジレンマは日本社会の保ってきた「家族主義」と深く結びついている。したがって，「ひきこもり」を抱える家族の苦しみに終止符を打つためには，家族に多くを負わせてきた日本社会の仕組みを根底から見直さなければならない。この主張は本書全体に通底するものである。

続く第4章は，事例をもとに親たちが抱えている苦悩や葛藤を描き出したうえで，それらを生じさせる社会的条件を論じている。親たちはひきこもる本人の苦しみに必死で寄り添おうとするが，そうした共感や受容はなかなか本人に受け入れられない。しかも，ひきこもっている子どもの存在を受容することは，親自身が依拠してきた常識や価値観を覆すことでもある。すれ違い続けながらも親と子は互いに承認を求め合うが，このような親子の強い結びつきは決して普遍的なものではない。同章はこの結びつきが近代日本における子育ての2つの原理に密接に関連していることを指摘する。親子間の熾烈な葛藤は日本社会の変動によってもたらされたものであり，ゆえに家族の努力のみによって解決されることはない。同章は社会の責任を問う1つの視点を形成するものである。

第5章では，ひきこもった本人に焦点を移す。「ひきこもり」からの回復において，自立は最重要課題として認識されている。一般的には親元を離れて自力で生計を立てられるようになることが自立だと考えられているが，このような経済面での「独立」のみならず，親の統制を脱して自分自身の生活・人生を自らの判断において成り立たせていくこと，すなわち「自律」も重要である。同章では，ひきこもった経験を持つ2名のインタビューをもとに，「自律」の様相を捉えていく。様々な資源に頼りながら自らの生を全うする可能性を生み出そうとしているその姿は，何者にも依存しないことを強調する従来の自立観に見直しを迫る。

　第6章のテーマは支援である。ひきこもっている子どもを持つ家族の支援において，親の会は欠くことのできない存在である。では，親の会はどのような機能を担っているのだろうか。前述のとおり，ひきこもっている本人と家族，家族と社会との接点が失われることによって，「ひきこもり」は長期化する。先行研究はおもに本人と家族とのコミュニケーションを回復させる働きに着目してきたが，同章は家族を社会へと再接続させる機能を明らかにしていく。なお，従来は東京や大阪など大都市圏での事例が取り上げられることがほとんどだったが，同章では地方における家族支援のあり方を知ることができる。社会資源の不足を逆手に取ったかのようなスタイルは非常に興味深い。

　第7章は，「ひきこもり」を経験したある一家が主役である。同章では父親（夫），母親（妻），そしてひきこもった本人である子どものライフストーリーを並べて提示し，これを通読してもらうことで，この家族のありようを立体的に浮かび上がらせることを試みている。最初は父親の物語である。会社人間で家庭を顧みず，子どもの苦しみに無理解だった父親（夫）が，子どもの「ひきこもり」に向き合うことを通して，家族との関わりや自分自身の価値観や人生

を見直していく過程が語られている。そこに母親（妻）と子どもの物語が順に重ね合わされていく。この3人の物語は全体的にはきわめて整合性が高いが，ある一点において両親と子どもの間に大きなずれが生じている。最終節ではかれらの物語を成り立たせている社会的・時代的文脈を補うとともに，この一致と矛盾が語るものについて論じる。

終章では，金銭的・身体的暴力を伴った「自立支援ビジネス」の横行という新たな動向に触れつつ，「ひきこもり」の問題理解と支援の現状が示される。そして，各章の内容を踏まえ，ひきこもる本人とその家族が，問題定義と支援構築の絡み合いにいかに深く巻き込まれているのかを改めて論じるとともに，「アウトリーチ」（出張訪問）の奨励など，近年では問題を家族内部に閉じ込めることなく対処しようとする動きが生まれていることを指摘して締めくくられている。

注
1)「ひきこもり」とは，一般的に，長期にわたって家族以外の対人関係が失われており，かつ就学・就労していない状態を指すとされている。代表的な定義として精神科医の斎藤環や厚生労働省の作成したものがよく知られているが，研究のフィールドでは，これらの定義にぴったり当てはまらなくとも，自らをひきこもり当事者と規定している人は少なくない。つまり，当事者やその周囲の人々の経験を掬い上げるためには既存の定義をそのまま当てはめることはできず，また，世間一般の評価やイメージからも距離を取る必要がある。そこで本書では，いわゆる「ひきこもり」とか「ひきこもりなるもの」といったニュアンスを込めて，章タイトルなどでは，カギカッコをつけて「ひきこもり」と表記した。ひきこもる本人や家族，マスメディアなどが「ひきこもり」という言葉にどのような意味を込めているのか，どういう経験を関連づけているのか，どういうふうに問題化しているのか，さらには，そうした意味づけや問題化の様相が文脈によってどう変わっていくのかを，執筆者

がそれぞれのフィールドに分け入り読み解いていくことが本書の課題である。
2) 「ひきこもり」を抱える家族の経験を扱った社会学の先行研究として，川北稔（2004, 2008, 2010），浅田［梶原］彩子（2008, 2010）などがある。
3) 2016年度から生活困窮者自立支援制度が始まったが，生活が立ち行かないと窓口を訪れた高齢の相談者によくよく話を聞いてみると，実は40代，50代の子どもがひきこもっていたというケースも珍しくないという。そこでは生活困窮が最大の問題として捉えられており，子どもの「ひきこもり」自体が問題にされているわけではない。
4) KHJ全国ひきこもり家族会連合会が参加者を対象に継続的に行っている調査によると，2005年時点の平均年齢は本人29.5歳，父親61.6歳，母親57.4歳。2015年時点の平均年齢は本人34.1歳（引きこもり家族調査委員会, 2006,「ひきこもりの実態に関する調査報告書」, http://www.khj-h.com/pdf/hiki_tyousa3.pdf, 2017. 3. 2取得），家族（母親＋父親＋その他）64.26歳である（特定非営利活動法人KHJ全国ひきこもり家族会連合会, 2016,「ひきこもりの実態に関するアンケート調査報告書」, http://www.khj-h.com/pdf/15houkokusho.pdf, 2017. 3. 2取得）。また，山形県と島根県がそれぞれ2013年と2014年に民生委員らを対象に行った調査では，ひきこもり状態にあると回答者が判断したケースのうち40歳以上は山形県で約45％，島根県では約53％を占めた（山形県子育て推進部, 2013,「困難を有する若者に関するアンケート調査報告書（概要版）」, http://www.pref.yamagata.jp/ou/kosodatesuishin/010003/wakamonoshien/tiikikyougikai/research/gaiyou.pdf, 2017. 3. 2取得；島根県健康福祉部, 2016,「ひきこもり等に関する実態調査報告書」, http://www.pref.shimane.lg.jp/kenpukusomu/index.data/hikikomori-jittaityousa.pdf, 2017. 3. 2取得）。これを皮切りに全国各地で自治体による「ひきこもり」の実態調査が実施されるようになり，この2県と似たような結果が相次いでいる。
5) 大沢真理（2010）は日本の生活保障制度の輪郭と問題点をコンパクトにまとめている。
6) たとえば，斎藤環は自身の豊富な臨床経験に基づいて，「ひきこもり」は「さまざまな意味でわが国のもっとも平均的な家庭にみられる」と述べている。ここで想定されている「平均的な家庭」は近代家族に重なるものである（斎藤 1998: 57）。

参照文献

浅田［梶原］彩子, 2008,「ひきこもりを抱える家族の実態とその支援」『家政学研究』55 (1) : 34-43.

―――, 2010,「ひきこもり家族会と家族の認知変容」『奈良女子大学社会学論集』17: 189-207.

川北稔, 2004,「引きこもり親の会の組織戦略――『親が変わる』という解決策の選択」『現代の社会病理』19: 77-92.

―――, 2008,「『ひきこもり』と家族の経験――子どもの『受容』と『自立』のはざまで」荻野達史・川北稔・工藤宏司・高山龍太郎編『「ひきこもり」への社会学的アプローチ――メディア・当事者・支援活動』ミネルヴァ書房, 159-181.

―――, 2010,「曖昧な生きづらさと家族――ひきこもり問題を通じた親役割の再構築」『家族研究年報』(35) : 13-27.

落合恵美子, 2004,『21世紀家族へ――家族の戦後体制の見かた・超えかた（第3版）』有斐閣.

大沢真理, 2010,『いまこそ考えたい生活保障のしくみ』岩波書店.

斎藤環, 1998,『社会的ひきこもり――終わらない思春期』PHP新書.

―――, 2002,『「ひきこもり」救出マニュアル』PHP研究所.

関水徹平, 2016,『「ひきこもり」経験の社会学』左右社.

第1章 「ひきこもり」と家族の関係史
——言説とその変容

工藤宏司

1 はじめに

　本章が取り上げるのは，新聞や雑誌などのメディアで伝えられた「『ひきこもり』とその家族」であり，実態としてのひきこもりやその家族ではない。つまり「『ひきこもり』という概念」あるいは「『ひきこもり』者の家族というイメージ」を扱う。こうした捉え方は，社会学では「社会構築主義」(Spector and Kitsuse 1977 = 1990; 中河 1999) として知られる方法論に基づく。

　社会構築主義は，「社会的現実」が言語を中心とした人々のやりとりを通して形作られると考える。その要諦は，事象について語られたものを拾い上げながら，概念化のされ方（どのようなものとして語られるか）や，特定の相互行為における使用のされ方（どのようなやり取りにおいて，どのように用いられるのか）に着目することだ。しかしなぜ「ひきこもり」について，実態ではなく概念化のされ方や概念の用いられ方に注目するのか。それは，特定の人や行為について概念を作成しそれを用いて何かを語るという営みが，しばしば「表象される人」に大きな影響を与えると考えられるからだ。それらは時に，自身の今のあり方を考える指針となり，行動を評価する規範として作用することもあるがゆえに，関わる人々に迷いや葛藤をもたらすことになる。

　「ひきこもり」について考えるとき，この点は特に重要な意味を

持つ。なぜなら「ひきこもり」の定義要件のひとつに状態の持続性があるからだ。それは「ひきこもり」が，一時的な衝動や感情の動きのみによって生じるのではないことを意味する。つまり「ひきこもり」に関する表象は，「ひきこもり」者が「ひきこもりつづけること」にさまざまな形で影響を及ぼすと想定できるのだ。

加えて重要なのは，ここで「表象される人」には，彼らに近しい存在としての「家族」が含まれることだ。「家族」のメンバーが「ひきこもり」と向き合おうとするとき，さまざまなメディアで語られる「ひきこもり」や「家族」のイメージは，彼らに葛藤や苦痛，恥の感情をもたらし，あるいは励まし，その後の行動を規定しもするだろう。私は以下で，この現象に特徴的な表象の具体的内実を示していくが，そこで示されることはすべてそうした影響の「可能性の束」として読むことが可能だろう[1]。

議論をはじめるにあたり，〈不登校〉[2]の社会問題化に触れておこう。なぜなら〈不登校〉の問題化とそこで語られた「家族」のイメージは，「ひきこもり」者とその「家族」のイメージの理解にとって重要な文脈となるからだ。

2 「ひきこもり」前夜
―〈不登校〉問題と「不登校・その後」への注目

2.1 〈不登校〉における「ひきこもり」――1960〜1980年代

2010年に配布された『ひきこもりの評価・支援に関するガイドライン』（以下『ガイドライン2010』と表記）作成研究班の齊藤万比古は「ひきこもりを高校卒業以降の青年や大人の現象とだけ見るのはやめ，義務教育期間だったら教育部門が主として関わっている不登校が，少なくともその中核群はひきこもりの大人や青年に見出される心性と共通の心性を持っている」（齊藤 2011: 126）とガイドライン

第1章 「ひきこもり」と家族の関係史

の基本的な考えを述べる。このように両者を同質的行為とする捉え方について，高山龍太郎は「不登校が病気や怠けと見なされた1960年代から1980年代，不登校のほとんどは，当時『閉じこもり』と呼ばれた『ひきこもり』をともなった」(高山 2008: 30)と指摘する。当時〈不登校〉は明らかな逸脱行動であり，矯正の対象とされた。〈不登校〉児にとって「外出」は高いハードルであり，それゆえ彼らの多くは家庭にとどまった[3]。しかし多くの場合，彼らにとって家庭も安心していられる居場所ではなかった。そこには自らの養育態度を責められ，自身も悩みの中にある親がいたからである。

1960〜70年代の新聞記事の多くには，〈不登校〉の子どもやその家族への痛烈なバッシングが踊り，特に母親たちが養育態度を責められ続けた様子が散見される。一方で，学校の様子を詳細に記述するものはほとんど存在せず，〈不登校〉がいかに個人的問題として，さらには家庭教育の問題として理解されていたかがわかる（朝倉 1995; 工藤 1995）。ゆえに親たちは「首に縄をつけてでも登校させようとした」(奥地 2005: 158)。そして子どもたちはそれに耐えかね「自宅や自室に閉じこもらざるをえなかった」(高山 2008: 31)のである。

〈不登校〉のこうした捉え方は1970年代後半から徐々に姿を変えていく。たとえば朝日新聞の長期連載「いま学校で〜中学生」における「特集 病む」(1976年4月23日〜8月8日)には，「受験教育」に彩られた学校で「優等生」が息切れし，疲れ果てて〈不登校〉になるという，それまでにないイメージが登場する。「行き過ぎた受験」は，学校要因として名指された最初のものだったが，70年代後半の「校内暴力」，80年代中盤の「いじめ」の登場で，「要因としての学校」への人々の関心は決定的なものとなった。

「いじめ」問題は2つの意味で〈不登校〉解釈に大きな影響を及ぼした。ひとつは，自身の生命を守るための手段，すなわち「緊急

避難としての〈不登校〉」という解釈を可能にしたこと，もうひとつは「学校へ行きたいのに，行くことができない子どもの問題」として，つまり「教育権の侵害としての〈不登校〉」という解釈を可能にしたことである（工藤 2002）。〈不登校〉が増え続けていたことや，1988年に大阪市立大学社会学研究室が，継続した欠席をするわけではないが，〈不登校〉と同じ心性をもつ生徒たち（グレイゾーン）の広がりを大規模な調査から主張したこと（森田 1991）も追い風となり，やがて〈不登校〉は特定の機能不全家庭に育った子どもだけではなく，学校に根深い原因があり，多くの子どもに潜在的可能性がある問題として捉え返されるようになった。

では同じ時期，〈不登校〉児の家族，とりわけ「親」はどのように語られたのだろうか。

2.2　2つの「親」イメージ──「原因としての親」と「生き直しをする親」

1960年代から70年代にかけての記事の多くには共通したプロット，すなわち物語の筋書きがある。それは，①「普通」の子どもなら通える学校の日常と，行けなくなったエピソードの記述，②情緒的に未熟・内向的な性格・情緒障害・自律神経の失調など，本人の性格傾向・精神発達への否定的言及，③精神科医など専門家による問題の解説・家庭環境や両親の教育などに見られる傾向の記述，である。これらは多くの場合，③→②→①という単線的な因果関係に並べ替えて提示される（工藤 1995: 86-88）。ここに見られるのは「原因としての親」のイメージだ。

1980年代に学校や社会が原因として注目されるようになると，別の新しい親イメージが登場してくる。たとえば「いじめ」の「被害者」とされる〈不登校〉の場合，親の責任はそれに気づき，理解し，時に強い力を持って救い出すこととされ，「学校への執着」は戒められるようにさえなってくる。それはわが子の〈不登校〉をめ

ぐって悩み，対応について逡巡し，時に嘆きつつも，そのままの子どもと共に歩こうとする親，つまり「生き直しをする親」のイメージだ。

このイメージは，同じ時期に結成があいついだ「不登校の親の会」の活動を伝える記事の増加にしたがって散見されるようになった。中心には，1984年に奥地圭子を中心に結成された「登校拒否を考える会」の母親たち[4]がいた。彼女たちは「登校拒否は病気じゃない」（奥地 1989）をスローガンに，それまで一般的だった〈不登校〉への治療的関わりを批判し，〈不登校〉をあるがままに受け入れ，学校信仰から脱却することで親子ともども元気になるという関わりの指針と未来像を，自分たちの体験をもとに広く伝えた。

運動は徐々に広がり，親の会やフリースペースが各地に作られた。90年代にはこうした「居場所」の様子を伝える記事が頻繁に見られる。たとえば朝日新聞大阪版の連載記事「不登校との戦い」（1994年4～8月）では，その焦点を原因ではなく，「どのように関わるべきか」という対応においている。記事ではしばしば「不登校を一つの『生き方』として認めるべきだ」という，「居場所」関係者やそこに関わる親，当事者らの主張が伝えられ，それができない親は「理屈や見栄を捨てられない親」と反省を迫る対象にさえなっている。

こうした視点の変化は，90年代に報道が増え始めた「不登校・その後」への関心とも無関係ではない。そして「ひきこもり」はこの文脈において「再発見」されたのだ。

2.3 「ひきこもり」の再発見——1990年代

ただ，「不登校を見守り，受け入れるべき」という認識はすんなりと受け入れられたわけではない。高山は，1992年の日本児童青年精神医学会において，〈不登校〉に治療主義的に関わってきた精

神科医・稲村博が研究・実践の両面にわたって糾弾された一方で，同年の日本臨床心理学会で，子どもに原因がある可能性も考慮すべきという声があがったと指摘する（高山 2008: 34-35）。そこには専門家たちの多様性や迷いを見て取れるが，同じことがフリースペースを運営する実践家の姿を通しても伝えられている。

> だが，登校拒否数は増え続けている。一部には，より深刻になる兆しも出始めた。登校拒否の長期化，就職拒否，そして自宅に閉じこもり，家族とさえ人間関係を断つ「ひきこもり」の問題だ。
> （中略）
> 「あるがままに」。自分の信条は正しいと思う。しかし，かつての登校拒否児が20代半ばに達し，「人間拒否」に陥っている姿に，富田さんの焦りは深い。[5]

「富田さん」とは，「ひきこもり」を報じる90年代初頭の新聞記事にたびたび登場する，千葉県松戸市でフリースペース「フレンドスペース」を運営する富田富士也のことだ。活動を伝える記事で「ひきこもり」は，たとえば「みんな学校の管理教育ではなく，人間関係を怖がっている。社会からの見捨てられ感が強くなり，学齢期のような教育相談機関がないだけ，『登校拒否・その後』の方が深刻なのです」[6]と語られる。そしてこうした記事に登場する親たちは「生き直しをする親」として描かれることが多いのが特徴だ。

たとえば「父と子（近道・寄り道・回り道 いま男たちは: 2）」[7]では，高校卒業後にひきこもりはじめた息子と向き合うために「父親ミーティング」に通う父親が描かれている。彼は「私自身が，責められることから逃げていた」「今までの対応は逆効果だった」と悔恨を語る。そして「父親には幅広い社会観が求められながら，子どもには，つい古臭いこと，聞きかじりのことを言ってしまいがち。現代

の父親はみな模索している」という専門家のコメントがはさまれ，最後に父と子の関係が修復しつつある様子が記される。

　1990年代後半に入ると「ひきこもり」は徐々に社会的注目を集めるようになる。とりわけ97年の朝日新聞の連載「人と生きたい──引きこもる若者たち」は反響を呼んだ。連載を執筆した塩倉裕記者は，700通以上の手紙と700本を超える問い合わせの電話があり，多くは家族からのものだったと明かしている（塩倉 1999: 10）。そして連載では，この問題が学齢期の若者に特有のものではなく，徐々に長期化していると警告された。

　高山は塩倉の本を分析し，登場人物15名の平均年齢は26.9歳，ひきこもり期間は6.9年と指摘した（高山 2008: 36）。この指摘が重要なのは，1991年に厚生省がはじめた「ひきこもり・不登校児童福祉対策モデル事業」など，同時期の行政支援は事実上18歳未満を対象としており，学齢期を終えた人々への有効な支援がなかったからだ（塩倉 1999: 25）。ゆえに彼らのあるものは精神科クリニックへ，別のものは当時まだ少なかった民間支援団体へ足を向けたのである。

　こうした風潮が，1970年代から〈不登校〉支援に取り組み，訪問指導と寄宿寮を軸とした支援方法を確立した「青少年自立援助センター」や，大学時代に稲村博の薫陶を受け，80年代から〈不登校〉が長期化した若者，すなわち「ひきこもり」者の臨床経験を積んでいた精神科医・斎藤環らの実践に目を向けさせた。彼らはそれぞれ1997年と98年に書籍を刊行するが（工藤／スタジオ・ポット 1997; 斎藤 1998），この時期の「ひきこもり」への関心は，それでも相対的には低いものだった。「ひきこもり」が多くの人に知られ，独自の問題として行政対応の対象とされたのは2000年以降のことである。

3 「ひきこもり」社会問題化と報道における「家族」
　　——「生き直し」「原因」「支援対象」

　「ひきこもり」が強い注目を集めはじめたのは，2000年に話題となった京都日野小学校男児殺人事件，新潟県柏崎市女性監禁事件，佐賀西鉄高速バス乗っ取り事件などの報道をきっかけとしている。ここでは重要な点を2つ確認しておこう。

　まず，新聞や雑誌の記事に，精神科医が解説者として頻繁に登場したことだ。彼らは「反社会的行為」である「犯罪」と「非社会的行為」である「ひきこもり」[8]とのつながりについて精神医学的な解釈枠組みを提供し，初期の問題化を牽引した存在だった（工藤 2008）。

　次に，「ひきこもり」が犯罪や暴力の「リスク」として位置づけられたことが，厚生省の対応を強く後押ししたと考えられることだ（工藤 2013）。対応のガイドラインを整備した厚生省研究班は2000年8月より研究会を開催し，「新潟事件」と「佐賀事件」について，精神医療がどのように関わったのか，関わり方は適切であったのか，そして今回の事件からどのような教訓を引き出すべきか，などを検討している（伊藤ほか 2001: 6-7, 139-161）。

　ここで，事件後「ひきこもり」への注目が高まり増加に転じた雑誌記事[9]から2003年頃までのものを取り上げ，特に「家族」についてどのように描かれているか，「ひきこもり　果たしてゼイタクか」[10]，および「現代の病理か　引きこもり100万人時代の到来」[11]を例に確認しておこう。前者は28歳の「ひきこもり」の息子を持つ母親と，16歳の少年を取り上げた記事であり，後者は26歳男性と，ドキュメンタリー映画『home』主人公の小林博和，家族会や支援団体に関わる人々への取材から構成されている。

　2つの記事には「ひきこもり」報道にしばしば見られる共通プ

ロットが確認できる。それは，①規模すなわち人数，②葛藤を抱える本人の描写，③悩む家族とひきこもる子どもを受け入れることで事態が好転したエピソード，④本人や家族への理解や支援の呼びかけ，である。

『AERA』の記事はリードで「少なくとも五十万人はいるといわれている」とまずその規模を伝える（①）。次に「家にいても片時も学校のことが頭から離れない（中略）でも出て行けば，あれこれ考え，会話に緊張する」（『AERA』），「もともと他人と深く付き合うのが苦手でした。大学に入って自由になり，それまで親の期待に応えようと，勉強ばかりしていた自分の中身のなさに気づき悩み続けていました」（『Yomiuri Weekly』）と，本人の葛藤の様子が伝えられる（②）。続いて「ひきこもり」に悩む家族の姿が報じられ（③），最後に「ひきこもり」者を理解し，受け入れることの重要性が強調される（④）。『AERA』では，カウンセリングを渡り歩き，自身に原因はないのかと問われた母親や，「この子は死を見つめている」と感じたという両親の苦しみを描き，「子どもになにかを強制するのはやめよう。そう思えるようになった両親の気持ちを汲んだように，三ヵ月後，布団から出てくるようになった」と，親の考え方の転換が事態を好転させたと伝える。『Yomiuri Weekly』では，複数のエピソードのあとに，埼玉県で「KHJ親の会」を立ち上げた奥山雅久の「彼が苦しみ始めたころ，父親の私が苦しみを理解してやれなかった。世間体を気にして叱りつけ，傷口に塩を塗ってしまった」というコメントを引き，「家族だけに大きな負担がかかる現実は，一刻も早く解消しなければならない」と記事が締めくくられる。

こうした記事に登場する「家族」は，1970年代の〈不登校〉報道で描かれた「原因としての家族」より，90年代以降の「悩み，生き直しをする家族」に近い。

たとえば，「奥山雅久　引きこもりの長男26歳と離れ夫婦でア

パート暮らし」[12]や『サンデー毎日』におけるジャーナリスト・池上正樹の一連の記事[13]など，この時期，家族について伝える記事には奥山への取材が並ぶ。そこには親の葛藤が多く描かれ，「ふと殺意がわいたこともある」と漏らすなど，「追い詰められた親が子に手をかける」可能性を示唆したもの[14]さえあった。

「深い悩みを抱えた親」の姿は，「ひきこもり」について犯罪と関連づけて報じた初期報道の解釈枠組みに親和的だ。こうした記事で，犯罪の背後にある精神医学的事情について説明した精神科医たちは，「ひきこもり」には暴力のリスクがあるとしばしば主張し，家族が直面する危機的状況を示唆している。

たとえば，精神科医・小田晋が「京都事件」「新潟事件」の両容疑者について，暴力などの反社会的行動によって自分の尊大さを示そうとする「悪性自己愛人格障害」だと指摘した[15]ように，事件について報じる記事には，彼らの暴力が何らかの人格障害と関わっていると説明するものが少なくない。そしてそうした記事には「父親不在・母親過干渉（母子密着）」という「原因としての親」イメージがしばしば登場する。たとえば「反社会性人格障害」の特集記事[16]では，「ひきこもり」はその前兆であるとして，「父親不在の母子密着型の家族関係のなかで，母親はあたかも鬼子母神のように子どもを飲み込んでしまう」[17]と家庭における要因を指摘している[18]。

「ひきこもり」者の家庭環境に関するステレオタイプは，特に大衆誌やオピニオン誌に「家族問題」として「ひきこもり」を語るものが多かった[19]ことで強く印象づけられた。とはいえ，家庭内暴力が取り上げられたことは，むしろ事態の深刻さと緊急性を伝えることに寄与した感が強い。実際，養育を落ち度として親を責める記事は相対的に少なく，多くは同情的で，「家族を支援すべき」とするものだった。

こうした見方は，2001年5月に厚生労働省が発表した『10代・

20代を中心とした「社会的ひきこもり」をめぐる地域精神保健活動のガイドライン（暫定版）』に結実している。そこでは「家族支援を第一に考える」と明言され，暴力の可能性に特段の配慮が要請されている。この視点は，2003年に公表された『10代・20代を中心とした「ひきこもり」をめぐる地域精神保健活動のガイドライン（最終版）』（以下，『ガイドライン2003』）および『ガイドライン2010』で一貫しており，公的支援の前提とさえ言える。ここには，〈不登校〉については見られなかった「支援対象としての家族」イメージがある。

ガイドラインではその理由として，家族自身が社会生活から孤立し，疲労困憊状態にあることや，恥の意識による問題抱え込みのリスクなどがあげられている。しかしもうひとつ重要な理由がある。

4 「対応主体」としての「家族」
―― 精神医療と行政支援，そして批判者たち

4.1 精神医療における「家族」――間接支援の文脈

『ガイドライン2003』は「ひきこもり」について，「さまざまな要因によって社会的な参加の場面が狭まり，就労や就学などの自宅以外での生活の場が長期にわたって失われている状態」（伊藤監修 2004: 3）と，まず「状態」としてこれを捉えることを提案する。その上で，背景として生物学的・心理的・社会的要因が絡み合っているとし，中でも生物学的要因が強く影響し，統合失調症など「狭義の精神疾患」や精神障害が疑われるものを治療対象として取り出し，それ以外の人を「社会的ひきこもり」と定義する（伊藤監修 2004: 4-7）。その要諦は，表面的には同じ状態の背後に複数の要因があるという複合要因説をとっていることで，「精神疾患・障害」を持つものやその可能性があるものについては投薬などの「治療」に

水路づけるために，専門家による見立て（スクリーニング）が必要としたことだ。

　類似の考え方として，たとえば，事件後，雑誌や新聞に頻繁に登場した斎藤環は「慢性化したら必ず専門家に相談することをお勧めします」(斎藤 2000: 155)と，第三者による「ひきこもり」への介入が不可欠だとしばしば主張している。彼はその理由として，自身の臨床経験上，自然治癒はほぼ期待できないこと，および長期化することで「"対人恐怖症""強迫神経症""家庭内暴力"といったさまざまな病的症状を引き起こすことが多い」[20]ことをあげている。

　しかし自宅から出てこない「ひきこもり」者の診察はそもそも困難を伴う。それゆえ治療の初動段階で，家族は重要な役割を担うことになる。ただ，家族自身が，しばしば恥の意識から「ひきこもり」者を抱え込み，社会から孤立することが多いとも認識されている。つまりどちらもが共にひきこもってしまう「二重の孤立」が想定されている。

　斎藤はこの点について以下のように説明する。本人は，いったん「ひきこもり」状態に入ってしまうと自己嫌悪を強め，さらに深い「ひきこもり」につながる。家族も不安や焦りから説教や叱咤激励をするが，これは本人にはさらなる自己嫌悪のもとになり，さらにこもらざるを得なくなる。それを見てまた家族が焦り説教する……と，悪循環がはじまる。悪循環はさらに社会との関係において強化される。家族が誹謗中傷を受けることで恥や罪の意識を強めれば，「ひきこもり」者をさらに抱え込んでしまう。そうして家族が社会との接点を失ってしまうと，いよいよ閉じられた家庭内で双方が共に悪循環にはまり続けるしかなくなってしまう(斎藤 2002: 72-75)。

　彼が「ひきこもりシステム」と呼ぶこのモデルにおいて，治療の最終目標とするのは「(家族以外に)親密な対人関係を複数持つこと」(斎藤 2002: 133-137)であり，そこに至るプロセスは①家族指導，②

個人治療,③集団適応と捉えられている(斎藤 2002: 65-67)。斎藤は家族に「変わる」ことを要求する。「演技指導」ともいわれる①の段階が重要なのは,本人と家族との断絶を修復し,その誘いによって本人を通院に水路づけるためであり,また,親の熱意が治癒につながるかどうかの鍵をにぎると認識されているからである(工藤・斎藤・永冨 2001: 79-80)。そして本人にアプローチ可能となれば,カウンセリングなど直接的な方法で信頼関係を作り,第三段階に進む。

類似の悪循環については,たとえば近藤直司も複数のパターンを指摘している[21]が,彼も治療における家族の役割を重視し,「引きこもりケースの家族相談はしばしば長期にわたりますし,家族が相談に対して強い動機づけをもっていることが必須の条件です」と主張している(近藤 2000: 38)。

以上のように,精神科医の治療では「家族の変化」を「本人の変化」につなげることが想定されている。つまり,家族は「対応の主体」として「ひきこもり」者に前線で向き合う存在と位置づけられている。そして「家族が変わらないと,ひきこもり者は変わらない」という認識は,先に見た「悩む家族」が自らの変化によって「ひきこもり」者を回復させたとする姿と重なり合う。

「支援対象としての家族」イメージは,この文脈からの理解も可能だ。アウトリーチ型の支援が行政としては実現困難な状況では,家族は「ひきこもり」者に外部の支援者がつながる重要な窓口なのである。もちろん,家族自身の精神的負担の大きさ,とりわけ家庭内暴力などの苛烈な状況が,彼ら自身の精神的な問題の発症をもたらす懸念もある(伊藤監修 2004: 105)。つまり精神医療や行政支援の文脈における家族は,「ひきこもり」者を支援につなぐ存在であり,また自ら支援を受ける存在でもある,という独特の位置にあると言えるだろう。

4.2 批判者たち——「見守り型」の対応論

4.1に見た見解が流布され，また5節に見る民間支援団体の実践が注目を集めると，第三者からの働きかけや介入についての批判も登場してくる。共通するのは，「ひきこもり」を成長に必要な過程と捉え，たとえ家族であっても，第三者の介入は排除すべきと認識している点だ。

たとえば評論家・芹沢俊介は「ひきこもり」を強く肯定する。ただし「往路」「滞在期」「帰路」という3つのプロセスを十分に，正しく歩むことなくして「正しいひきこもり」はありえないとも主張する。

彼が特に重視するのは「滞在期」である。なぜなら「ひきこもり」は「社会的自己との闘い」であり「離脱」の遂行過程だからだ。「社会的自己」とは，「ひきこもり」を悪いことと見なすような社会的規範に絡め取られている「内部の見えない敵」（芹沢 2002: 89）である自己を意味する。「ひきこもり」者は，周囲からの責めだけでなく，自分で自分を責めるという二重の圧力下にいる。「滞在期」は「社会的自己」から逃走するため「自己領域」（芹沢 2002: 100）で過ごす時間なのだ。そして「社会関係，家族以外の対人関係，家族関係，そして自己間関係」からの撤退・回避があり，「自分は自分でいいのだ」という自己肯定感にたどりつくとき「ひきこもり」は帰路に向かい，そこで「生まれ直し」が達成される（芹沢 2002: 80–120）。

ゆえに芹沢にとっては，たとえば第三者が「6ヶ月」と期限を区切るようなひきこもり観は有害なものでしかない。なぜなら「自己領域」でどのくらいの時間を過ごすかは「本人が決めること」（芹沢 2002: 96）だからだ。

また，芹沢や，同じく「ひきこもり」の積極的価値を掲げた吉本隆明（吉本 2002）と類似の立場から斎藤環を批判した精神科医・高

岡健は，犯罪と「ひきこもり」について「私は，孤立が保証されない場合に限って，あるいは孤立を恐れている場合に限っては，その（犯罪の）可能性があると思っています」（高岡編 2001: 22，括弧内筆者補足）と主張した。斎藤は，「ひきこもり」の長い放置が精神疾患や精神障害の発症リスクを高め，さらに暴力をうむ可能性を高めると主張し，それゆえ「両親にはご本人に対して治療を受けるよう説得したり誘導したりする権利がある」（斎藤 2002: 71）と考えている。これに対して高岡は，孤立（引きこもること）が適切に保証されないことがそうしたリスクを高めると考え，芹沢や吉本は「適切な環境」を得ることこそが「本人の権利」だと考えている。

つまり介入に反対する彼らの議論における「家族」は「適切なひきこもり環境を提供すべき存在」である。その意味で「対応主体としての家族」の別ヴァージョンと位置づけられるのだ。

5 「補完」される「家族」——直接支援の文脈

2001年以降の報道のひとつの特徴は，早い時期から積極的に関わってきた民間支援活動の様子を伝える記事が増えていったことだ。ここでは雑誌や新聞への登場機会が多かった3つの民間支援を取り上げよう。彼らに共通するのは，「ひきこもり」者を何らかの方法で部屋から「引き出す」実践をしていた点だ。

まず，愛知県各地に補習塾を展開する「塾教育学院」を経営し，そのかたわらカウンセラー業を行う長田百合子である。彼女を紹介する記事には「体当たりカウンセリング」「荒療治」「奇跡のおばちゃん」などの見出しが飛び交う。「ひきこもり」を「苦しみから逃げる子供を"そっとしてその日その日をごまかした"親がつくった結果」（長田 1999: 70）と見る長田にとって，それは「甘え」であり，対応は「説教」「叱咤激励」となる。「子供の未来を思いやって

考えたら，厳しい言葉や態度をあえて辞さないのが当たり前」(長田 1999: 3) なのだ。長田の「カウンセリング」を報じる記事は，事前に知らせることなく部屋を訪れた彼女が「ひきこもり」者を怒鳴り，叱り飛ばす状況を好んで伝え，その「強さ」に好意的だ[22]。

次に，東京都福生市で，1978年より活動してきた「NPO法人・青少年自立援助センター」(以下「YSC」) と代表の工藤定次である。YSCの訪問活動の取り組みを伝えた「ひきこもる若者たち」[23]では，部屋の前で粘り強く語りかける工藤の姿が伝えられる。そして「『外に出す』という押しの強い方法には批判もある」としつつも，一部の人にとってそれが価値の高いものだと評価する。工藤も「手をさしのべてほしいというのが，彼らの本音なのさ。(中略) 出てきて一番ほっとしているのは，本人なの。それだけは，実感として確信しているよ」と，活動の正当性を主張する。別の記事でも「状況を崩せるのは親ではなく，唯一，外からの風であった」と肯定的なまとめが与えられており[24]，YSCが一定の期待を持たれていたことは事実だろう。

千葉県を中心に活動する「ニュースタート事務局」(以下「NS」) は，「レンタルお姉さん・お兄さん」と呼ばれる訪問活動が注目された。代表の二神能基は「本人は出たいけど出られない，そういう子は出られるように応援する場がいるんだろう」と活動の必要性を述べる。訪問活動で動き始めた若者は，「若衆宿」という寮での共同生活に誘われ，「仕事体験塾」でさまざまな仕事を体験し，自分にあう仕事を見つける。記事はそうした過程を肯定的に伝える[25]。

YSCやNSの特徴は，「部屋からの引き出し」のあと，「人とのふれあいを通して人間関係回復」という段階を踏み，「就労」というわかりやすいゴールに導こうとしたことだ。つまり彼らは「就労問題」「自立問題」として「ひきこもり」を位置づけた。工藤のインタビュー記事は，リードで「ひきこもりは，若年労働者のありかた

の問題として，人間関係を含めての自立を支援するべきです」とその主張をまとめ[26]，二神へのインタビュー記事はタイトルに「若者が自分らしく働ける，そんな職場をつくっていったら，社会は変わっていくんじゃないかな」と掲げている[27]。

ただ，本人に直接働きかけ部屋から引き出すという方法については批判もある。たとえば吉本隆明は彼らを「引き出し症候群」（吉本 2002: 25）と揶揄し，斎藤環も長田について，YSCのような当人の意思確認を大切にしつつ対応する訪問活動を誤解した「最悪な例」と語り，訪問活動自体についても，「六手勝手流」の援助者を社会に広げてしまう可能性があると懸念している（工藤・斎藤・永冨 2001: 126-146）。

工藤はこうした批判や懸念に「親が変化するのは極めて難しかろうと思っている」（工藤・斎藤・永冨 2001: 80）と応じる。彼は「ひきこもり」を，家から一歩も出られない「純粋ひきこもり」，多少は外出できる「ひきこもりがち」，世間で怠け者とか遊び人といわれるような「ひきこもりもどき」に分類し，自分が関わっているのは「純粋ひきこもり」であり，「ひきこもり問題を語るときは，ここを原点と考えるべきだ」（工藤・YSCスタッフ・永冨 2004: 31）と主張する。「純粋ひきこもり」のように，長く時間を経て固着してしまったケースについては，親が変わるのを待つより，本人に直接働きかけて変わらせるほうが道が開けるというのが工藤の考えなのだ。

彼らの方法は，精神科医のように家族を通して本人に働きかける「間接手法」（工藤・斎藤・永冨 2001: 78）ではなく，家族を飛び越え，直接働きかける「直接手法」である。そこでは時に強制力を用いて部屋からの「引き出し」がなされ，「自分の食い扶持は自分でかせげ」と自立への「押し出し」がなされる。これは先にみた「ひきこもり」者の家庭環境，すなわち「父親不在・母子密着」を「補完」しようとするものに見える。

たとえば工藤は特集「『強い母親，父親不在』の家族心理学」で，「ひきこもちがち」「純粋ひきこもり」は「親だけで解決するのは無理」とし，「彼らは，親に相当の負い目を感じており，経済的な自立を切実に願っている。(中略) 自分は，いつか親に見捨てられるのではないか，と堂々巡りを続けている。だから，親はまず，どんなときでも見捨てないと説明して」と主張する。そして父親には，前面に出るとかえってプレッシャーになるので「でしゃばりすぎるな」と一喝し，母親の精神的なサポートに徹するべきだとアドバイスする[28]。

　「ひきこもり」を報じる記事には「強い父親」を望むものが少なくない[29]が，工藤のアドバイスはこれらとは違う。むしろ第三者の介入を積極的に取り入れることを前提に，親のすべきことを限定的なものにする方策なのだ。親が自ら変わるのが困難なら，彼らを飛び越えて本人にアプローチし，自宅から離して対応を図る。そこでは家族機能が限定され，時に無効化される場合さえあるだろう。こうした手法が当の家族自身に望まれてもいる状況は，彼らが置かれた困難を想起させる。特に本人・親ともに高齢化している場合にそれは顕著だ。そしてそうした観点から年齢層の高い「ひきこもり」への注目は再び強くなっていく。

6　「ひきこもり」再分節化
——「ニート」「ひきこもり高齢化」

6.1　「ニート」と「ひきこもり」——重ねあわせと分離

　「ニート」は，1999年にイギリスの内閣府調査報告書で注目された"NEET（Not in Education, Employment, or Training）"，つまり「教育，雇用，（職業）訓練のいずれの状態にもない」若者を示す造語に起源を持つ。日本では2004年7月に玄田有史と曲沼恵美による著書（玄

田・曲沼 2004)で紹介され,注目が高まった。

「ニート」概念およびその社会問題化についてここでは立ち入らないが[30]、「経済の不活性化」ならびにそれが導く「社会保障制度崩壊」が大きな問題とされたこと,および,財界からの強い関心をひきつけ,その文脈では労働力の量的減少と質的低下が焦点化されたことを確認しておこう[31]。こうした風潮は「ニート」自身への注目を高め,彼らは「働く意欲のない若者」と槍玉にあげられた。そして迅速になされた行政対応では,規律訓練を重視した教育型施策が中心にすえられた(工藤 2008: 62-66)。

「ひきこもり」理解にとって重要なのは,「ニート」を「ひきこもり」の相似形とする記事が多く見られたことだ。たとえば「急増するフリーターとニートの出現」[32]では「他人に上手に交わっていけないという意味では一種の『ひきこもり』」[33]とされ,メンタルケアの重要性が主張される。また,玄田は斎藤環との対談で「僕らのいうニートには,確かにひきこもりの人もいます」(玄田・斎藤 2004: 140)と語り,斎藤も別のところで「統計から見えてくるニートの姿は,学校時代から孤立しがちで,不登校経験も多く,現在も困ったことを相談できるような対人関係を持たないなど,『ひきこもり』のイメージと重なるところが多い」(斎藤 2004a: 47)と述べる。

しかし一方で,玄田が「ニート」について「見た目に普通の人とまったく変わらない人もたくさんいる」と語り,斎藤も「ただ職がないだけで精神的に見るとほぼ健常者と変わらない人」が病院に来ても対処しようがなかったが,これからは「『お子さんは「ニート」ですから,若者自立塾に行ってください』といえる」と応じており,両者はやはり異なるものと認識されている(玄田・斎藤 2004: 140)。

では具体的な違いは何か。斎藤はそれを「(家族以外の)対人関係の有無」(斎藤 2005: 47)とする。また 2004 年より「ニート」支援をしている「育て上げネット」理事長の工藤啓も「対人不安の強弱度

が違う」[34)]と語るなど，両者の違いを「対人関係」にまつわる相違に求める議論はしばしば登場する[35)]。

「ニート」と「ひきこもり」とが並列して語られた状況は，1990年代後半に表面化した「若者雇用問題」を「若者就労問題」へ読み替える実践を促進し，また「ひきこもり」には，「就労支援」に接近し「ニート」に包摂されるものと，メンタルヘルス的性質を再認識し，より医療的な対応が必要とされるものとに分節化される状況をもたらした（工藤 2008: 66-68）。つまり「ひきこもり」状態を示す人への「スクリーニング」の重要性の再認識につながった。そしてそのことは，2006年以降に，新ガイドライン制定の機運を高めるひとつの文脈となった。そしてもうひとつ，別の角度から強く影響した問題がある。

6.2 「ひきこもり高齢化」そして「親の死後」への注目

2004年秋に起きた，東大阪市の36歳男性による両親絞殺事件，茨城県土浦市および水戸市で連続して起きた両親殺害事件は，「高齢化したひきこもり」が再度注目される契機となった。容疑者について，東大阪事件で「ひきこもり」，茨城の2事件で「ひきこもり」「ニート」と報じられ[36)]，2000年時と同様，「犯罪」と安易に結びつける報道への賛否をめぐる議論が起きた。しかし注目すべき違いがある。

たとえば斎藤環は2000年時とは一転し，今回の事件は「ニート」ではなく「ひきこもり」が起こしたと主張した。斎藤は「ひきこもりの若者ほど，いま追い詰められている存在もない」として，「高齢化にともなって社会参加は困難となり，親の高齢化は経済的にも心理的にも将来の不安を高めるだろう。世間の偏見は一向になくならず（中略）対人経験の乏しさは，就労どころか福祉サービスなどの援助を求めることすら困難にしてしまう」とその背景を指摘する。

つまり今回の事件は「構造的悲劇」なのであり,「あとほんの一押しで(就労のプレッシャーなど),同じ悲劇が繰り返される」というのだ(斎藤 2004b)。

斎藤の主張の背景には,彼が『ガイドライン 2003』公表などの行政対応を一定評価しつつも「継続的なフォローアップがない」(玄田・斎藤 2004: 146-147)と述べたように,それが一過性に終わってしまうことへの懸念があった。ジャーナリスト・永冨奈津恵も同様の懸念を表明していた(永冨 2004)が,それに拍車をかけたのが,この頃から再び強調されるようになってきた「高齢化するひきこもり」への危機感[37]だったろう。

たとえば永冨と共同で『首都圏「社会的ひきこもり」ガイドマップ』を作成した森口秀志は,ガイドマップの評判について,インターネットで情報を得られる若い人と異なり,「情報棄民」となっている年齢層の高い人,つまり「高齢化したひきこもり」者やその親たちが高く評価したのではないか,と推測している。そして「ニート」支援の手厚さに比べ,「高齢化するひきこもり」への対応に目が向けられていないことに注意を喚起する(森口 2006)。

こうした状況下で,支援団体における悲惨な事件が起きた。2006年4月18日,愛知県名古屋市の「アイ・メンタルスクール」において,施設に入居していた26歳男性が死亡し,5月8日に代表理事・杉浦昌子ほか計7名が監禁致死容疑で逮捕されたのだ[38]。

名古屋市において「アイ・メンタルスクール寮生死亡事件を考える集い」が開かれるなど,この事件は社会的関心を集めた。多くは事件への厳しいコメントで彩られた(芹沢編 2007)が,時を同じくして杉浦の姉・長田百合子にも厳しい視線が向けられた。強制力を伴う方法論が共通していることや,同じ時期,入寮の強要と,その様子が断りなくテレビで使用されたことについての民事訴訟のさなかにあったことを捉えてのものだ。長田はこうした批判に反論した

が[39]。その記事では「『長田塾』は、困り果てた親が最後に辿り着く場所」と、なお彼女にすがらざるをえない親の存在が指摘されている。別の記事にもあるように、彼らは支援者のアドバイスに耳を傾け、試行錯誤を延々繰り返し、親としての責任を果たそうと必死に向き合ってきた。しかしそれでもうまくいかず、途方にくれる親たちだ[40]。それは「ひきこもり」者も親も相対的に高齢であることを意味してもいる。

こうした状況から、2010年以降たびたび雑誌に登場したのがファイナンシャル・プランナー畠中雅子である[41]。畠中が示すのは「ひきこもり」からどのように回復するかではなく、「ひきこもり」者がずっと働くことができない「最悪の状態」にとどまること（畠中 2012: 20）を前提に、親の死後も彼らがひとりで生きていけるように、親が生前にその道筋を整える具体的な方法である[42]。

記事に登場する親たちは一様に疲弊し、「親のせいで自立できないという声も耳に入りますが、世話を焼かざるを得なかった」、「いつかは立ち直ってくれるというかすかな希望にすがりついていた」と悔恨を語り、回復への道筋が見えない苦難の中にある存在として描かれる。記事は最後に「プランを考えると、ひきこもっていても生きていけると思えるようになります。本人も、ちょっとだけ頑張ればいいんだとラクになれるし、何より親の意識が変わってきます。できないことを嘆くより、できることを探せばいいのですから」という畠中のコメントを添え、その意義を肯定的に示している[43]。

畠中への注目は、一方で「高齢化したひきこもりの後のなさ」を示すが、他方では、斎藤環が彼女との対談で「断念というのは正確ではなくて、『たとえ就労できなかったとしてもその時はその時』という割り切りですね、そこからスタートするほうが、結果的には就労にも結びつきやすい」と評価を与えたように、こうした備えが「ひきこもり」者や親の精神的負担を軽減すると考えられたがゆ

第1章　「ひきこもり」と家族の関係史

えとも言えるだろう。それはあきらめや放棄ではなく，親にできる「攻めの構え」（畠中 2012: 223 = 対談における斎藤環の表現）であり，疲弊した親たちが立ち直るためのプランでもある。つまり彼女の活動は，「ひきこもり」者が回復へ向かう道筋を側面から支えるものと位置づけられてもいるのだ。

　同じ時期，やはり「高齢化したひきこもり」への危機意識を表明していたのがKHJ親の会代表の奥山である。奥山は雑誌のインタビューで2006年1月に報告された同会会員を対象とした調査に触れ，平均年齢が 29.5 歳，30歳以上の構成比が 49.8%と指摘し[44]，「ひきこもりの壮年化がはじまっている」と主張した。同時に強調したのは，精神医療的問題を背景に持つ「ひきこもり」者が多いことだ。奥山は「程度の差はあるにせよ，ひきこもりの多くは『対人恐怖』がベースにある」[45]とし，欧米では対人恐怖を社会不安障害と呼んでいること，アメリカの不登校の会では不登校を障害とみなし，3カ月以内の対応が当たり前になっていることを指摘し，「ひきこもり」を「個性」と容認し，医療を遠ざける日本の対応について，「病理性のないニートとは違うひきこもり」の長期化要因になっていると主張する[46]。

　最後に奥山は，精神医療や薬物療法に対する偏見が強い社会の批判へ向かうが，その過程で，医療的介入の必要性については，誰より会員の反発が強かったと明かしている。彼にとっては誤解と偏見ゆえに医療的サポートを満足に受けられないこの現状こそが問題なのだ。

　こうした認識は，事件後，再び危機意識を高めていた精神科医らの動向に結びついていく。ここに来て「ひきこもり」は再び精神医療色の強い問題として再定位されることとなる。

7 「ひきこもり」再・医療化と
地域資源ネットワーク化の進展

　精神科医・中垣内正和が「NPOを活用することは大切ですが，より篤なケース，精神病の疑いのあるケースを救うには無理があり，アイメンタルスクールや戸塚ヨットスクールの事件のような，ときに人権侵害・生命侵害も生じ得ます。精神保健福祉センター，保健所などを核とした医療，NPO，親の会などの緊密な連携が不可欠といえます」(中垣内 2007: 52) と語ったように，事件は，「ひきこもり」者と接してきた精神科医たちに，民間支援者には扱いが難しい「精神病の疑いがあるひきこもり」者について，より積極的な医療的介入をすすめる必要性を再認識させた。実際，旧ガイドライン策定以降，精神保健福祉センターを訪れる人の中に，医療的対応が必要と考えられる人が少なくないという認識はしばしば語られている。

　たとえば近藤直司は，「『ひきこもり・社会的ひきこもりは精神障害を原因としていない』という解釈が，多くの誤解や曲解を含みつつ広く流布してきた」という。「統合失調症以外のひきこもりケース」を「社会的ひきこもり」とした旧ガイドラインの定義を，一部の専門家や民間支援団体，家族会などが「『統合失調症が除外されれば，それ以外のひきこもりケースは何の精神障害も背景とはしていない』と曲解した」と指摘し，一方でそうした区別を精神科医が曖昧にしてきたとも語り，その点を整理すべきだと主張する (近藤 2008: 453)。

　また『ガイドライン2010』作成に携わった齊藤万比古はその経緯について，「ひきこもりに対する支援は，これまでどちらかというと民間機関が中心となってきたが，近年，民間機関による違法性の高い搬送や監禁，そして死亡事件の発生などの不祥事が続いたこ

第1章 「ひきこもり」と家族の関係史

ともあって，医療・保健・福祉の領域で利用可能な一貫性のあるひきこもり概念の策定と，標準的な評価法および治療・援助法の再評価ならびに新たな開発が緊急に求められることとなった」(齊藤 2008: 1) と述べる。ガイドラインはこうした観点から「ひきこもり」を以下のように定義しなおしている。

> 様々な要因の結果として社会的参加（義務教育を含む就学，非常勤職を含む就労，家庭外での交遊など）を回避し，原則的には6カ月以上にわたって概ね家庭にとどまり続けている状態（他者と交わらない形での外出をしていてもよい）を指す現象概念である。なお，<u>ひきこもりは原則として統合失調症の陽性あるいは陰性症状に基づくひきこもり状態とは一線を画した非精神病性の現象とするが，実際には確定診断がなされる前の統合失調症が含まれている可能性は低くないことに留意すべきである。</u>（『ガイドライン2010』: 6，下線は筆者）

そのうえで，これまで関連を指摘されてきた「不登校」や「ニート」について，「関連性が強い一群が確実にある」(『ガイドライン2010』: 7)，「本ガイドラインで示したようなひきこもり問題を抱え，専門的な支援を要する人が少なからず含まれている」(『ガイドライン2010』: 7) と，総合的にこれらを把握する必要性を示唆している。

これは「スクリーニング」のために専門家の見立てが必要とした旧ガイドラインを踏襲し，さらに類似の問題も含めて行政対応の窓口を一元化し，地域資源をネットワーク化することで対応に水路づけることを意図したものだ。そしてそれを具体化する形として，厚労省は2009年4月より「ひきこもり対策推進事業」をスタートさせ，各地に窓口としてひきこもり支援センターを置くよう求めている[47]。

ここに至り，行政支援の文脈では，〈不登校〉や「ニート」なども含めて精神科医が何らかのかたちで関わる形が制度化されたことになる。本章ではその評価には踏み込まないが，今後，さまざまな

角度からの検討が必要とされる。

8　おわりに

　以上のように,「ひきこもり」者の家族イメージには,「原因としての家族」「悩み生き直しをする家族」「支援対象としての家族」「対応主体としての家族」「補完される家族」などが確認できる。重要なのは,その多くが「ひきこもり」者への「対応」の文脈で構成されてきたことだ。この点は,かつて〈不登校〉における家族,特に親たちが,「行為の原因」として責任を問われ,槍玉にあげられたことと一見対照的にうつるかもしれない。

　ただ,本章のはじめに確認したように,「ひきこもり」という状態がその持続性,すなわち行為の遷延を重要な定義要件としていることを考えれば,その評価は早計だろう。「ひきこもり」状態に入ってのち,その都度ごとの「対応の主体」となる家族は,自らの行為の成否が,「ひきこもり」者の状態持続に直接の影響を与えうるものとして理解される。その意味では,これも一種の「原因」とまなざされうるものだ。また,当人が学齢期を過ぎればわかりやすい「節目」もなく,対応は終わりのない営為になりがちで,その負担は大きい。そうしたことが,対応を試行錯誤し,その成否に一喜一憂し,時に外部の強い力に依存する直接支援を呼び込み,それでもダメな場合にリスクに備えるという,本章で確認したさまざまな状況を生む土壌となってきた。

　とはいえ,行政支援で家族が明確な支援対象とされたことを見れば,こうした状況は「家族」にとって必ずしも悪いことではない。ただ,その「支援」が彼らの「果たすべき責任」とセットになっていることへの配慮はやはり必要だと私は思う。公的支援における「家族による対応」は動かぬ前提であり,それが難しければ,民間

支援の手を借りる程度にしか，彼らへの支援の回路は存在しない。その民間支援もあくまで「補完」役割を果すだけで，そもそも利用料金や生活費の問題など，「家族」が果たすべき責任は依然大きなままである。「親亡き後の一人暮らし」に向けた畠中のプランも，結局は親の資産の多寡が多分に影響することは否めない。依然，重い責任は親（あるいは近親者としての家族）に課せられたままである。

　では何が必要なのか。本章でその議論を展開することはできないが，そうした議論の前提として，彼らが置かれている状況の適切な把握は不可欠だ。本章の冒頭に述べたように，彼らをとりまく「言説」の状況把握は，そうした試みの際に重要な文脈を提供することになるだろう。

注
1) 本章で扱うデータは4大新聞の新聞記事および大衆雑誌に掲載された雑誌記事である。新聞記事は各新聞社の電子版データベース検索，雑誌記事は大宅壮一文庫雑誌記事検索および国立国会図書館雑誌記事検索で「ひきこもり or 引きこもり」のワードで検索・収集したものである。
2) 「不登校」という用語の一般化は1990年以降であり，それ以前は「登校拒否」が一般的だった。本章はその点を考慮し，記事引用では，引用元表記をそのまま用い，それぞれが指し示す状態を意味する表記として〈不登校〉を用いる。
3) 学齢期の子どもについては，「平日昼間は学校にいるはず」という規範の明瞭さゆえに，戸外における存在自体が「何らかの事情を持つ」こと，つまりスティグマ性を露見させる（工藤 2006）。この点は，石川良子が「ひきこもり」者について，人込みがパッシングを可能にすると指摘したこと（石川 2007: 83-106）と対照的である。
4) 先の「責められた母親」と同様，ここでも「母親」とあえて書かねばならないところに，女性に責任のほとんどすべてを担わせてきた日本の家庭教育の歪みがあると私は思う。

5) 朝日新聞 1992. 7. 23。
6) 朝日新聞 1994. 3. 10。
7) 朝日新聞 1993. 1. 4。
8) これは,事件報道で頻繁に見られた「ひきこもりは危険」「犯罪とつながる」という解釈を批判した斎藤環の表現(「精神科医からみたひきこもり 斎藤環」(『ロゼッタストーン』2000. 11: 33))だが,元は 1990 年の青少年白書で提示された青少年の問題行動についての分類である。「ひきこもり」はここで「無気力」「登校拒否」と並び「非社会的問題行動」とされている。
9) 99 年の 31 件から 2000 年 55 件,01 年 116 件と増加し,02 年以降は 80 件前後と推移する(国会図書館雑誌記事検索)。
10) 『AERA』2000. 10. 16: 21-23。
11) 『Yomiuri Weekly』2003. 1. 5・12: 89-92。
12) 『東洋経済』2001. 5. 26: 66-67。
13) たとえば,池上正樹「ひきこもりからの生還」(『サンデー毎日』2001. 5. 20: 142-145)や注 14 の記事など。
14) 「渾身ルポ 親たちの苦悩の日々」(『サンデー毎日』2001. 4. 15: 22-25)。
15) 「新潟・京都『異常事件』容疑者は『悪性自己愛人格障害』だ!」(『週刊宝石』2000. 3. 2: 178-181)。
16) 「キレる心 壊れる心——子どもの反乱にどう向き合うか」(『だいじょうぶ』2008. 8: 164-169)。
17) 同上: 166。
18) 類似したものに「『家族漂流』核心の証言——登校拒否と闘う塾長が『引きこもり青年』100 万人の処方箋」(『週刊文春』2000. 2. 24: 33-34),「ひきこもる子を持つ親の葛藤 パラサイト」(『AERA』2000. 4. 3: 6-7)など。
19) 「特集 家族はどうなっているのか」(『世界』2001. 1: 63-109),「ひきこもり そのとき家族は」(『婦人の友』2003: 123-132)など。
20) 『ロゼッタストーン』2000. 11: 33。
21) 斎藤と同型の「叱咤激励する親と家族から引きこもる本人」に加え,「自責的な親と他罰的な本人」「親子の引きこもり相互作用」(親の「待ち」の対応が,本人の「向き合いたくない」を助長する)の 3 つ(近藤 2000: 40-47)。
22) 「『引きこもり』荒療治する名物オバチャンのド迫力」(『FRIDAY』2001. 3. 2: 28),「引きこもりを 2 時間で治す強烈引きこもりカウンセラーに,パト惚れ込む」(『SPA!』2001. 7. 11: 134-135)など。

23) 『pumpkin』2000. 6: 106-109。
24) 「脱・ひきこもりまでの道のり」(『婦人公論』2002. 12. 7: 69-73)。
25) 注27の記事,および「百万人の『ひきこもり』がつきつけた日本の現実」(『Meme』2002. 7: 34-37) など。
26) 「『ひきこもり』外にでなくちゃはじまらない」(『世界』2001. 2: 92-96)。
27) 「ヒューマン・ドキュメント 二神能基さん」(『清流』2001. 1: 79-82)。
28) 『PRESIDENT』2004. 8. 30: 69。
29) 「厳父のススメ——息子を犯罪者にしないために」(『プレジデント』2000. 7. 3: 94-99) など。
30) ニート理解には玄田・曲沼 (2004),小杉編 (2005),本田・内藤・後藤 (2006),社会問題化過程の理解には竹本 (2006) を参照。
31) たとえば「若年雇用問題を考える」(『経済Trend』2005. 8: 6-31),「ニートの増加で懸念される質の低下——若者"妖怪"を出没させない教育が必要」(『政経人』2005. 6: 42-47) など。
32) 『国会画報』2004. 12: 6-9。
33) 同上: 8。
34) 「特集ニート 若年無業者の実情と支援のあり方を考える」(『職業安定広報』2005. 1. 21: 5)。
35) たとえば「ニート脱却する/させるプロジェクト最前線」(『SPA!』2005. 2. 15: 67-79) では,「ひきこもり」について「対人恐怖症などの症状が表れるのが特徴」(同上: 69) としている。
36) たとえば「幸せそうな家庭,なぜ 土浦の両親・姉殺害事件」(朝日新聞2004. 11. 26茨城版),「水戸・土浦の殺人事件 家族への凶行,どう防ぐ」(読売新聞2004. 11. 26),「両親惨殺28歳ニート——父親からの"せっかん"」(『週刊ポスト』2004. 12. 17),「52万人『ニート』の甘えと苛立ち」(『女性自身』2004. 12. 14) など。
37) 「40代,50代男性の告白『ひきこもりからの脱出』——私の場合」(『女性セブン』2004. 11. 18: 58-64) など。
38) 事件の詳細と経過は川北 (2007) を参照。
39) 「どんなに批判されても,私の指導法は正しい」(『婦人公論』2006. 7. 7: 154-157)。
40) 「それでも『カリスマ女教育者』にすがる『引きこもり』現場レポート」(『週刊新潮』2006. 8. 10: 52-56)。

41)「ひきこもりの子を抱える家族へ　親亡き後のマネープラン」(『エコノミスト』2010. 6. 1: 70-71) など。
42)「サバイバルライフプラン (生き残りのための生活設計)」(畠中 2012) と名づけられた提案は, 資産状況把握の方法にはじまり, 死亡後の住居確保, 公共料金支払いを継続するための工夫 (ライフ・ラインの確保), 成年後見制度利用のすすめ, 「ひきこもり」者に確実にお金を残すための生命保険利用のすすめなど, 微に入り細を穿つ。
43)「ルポ　ひきこもり 100 万人の時代に——家計を蝕む高齢ニートを抱えたわが家の闘い」(『婦人公論』2010. 3. 22: 36-39)。
44) 全国KHJ親の会会員を対象とした調査は徳島大学の境泉洋らが 2003 年以降毎年実施している。2011 年度調査では, 平均年齢 31.47 歳, 30 歳以上の構成比は 64.7%となっている (境ほか 2012)。
45)「NPO 法人全国引きこもりKHJ 親の会　奥山雅久代表に聞く——多様性を受け入れる懐の深い社会を」(『月刊地域保健』2007. 2: 55)。
46) 同上: 55-56。
47) 地域連携推進には「青少年健全育成」という「本流」が存在する。2008 年 12 月に示された「青少年育成策大綱」で方針が確認され, 2009 年 7 月に「子ども・若者育成支援推進法」が制定され, 法的根拠が与えられた。2010 年 4 月 1 日の法施行に合わせて発足した子ども・若者育成支援推進本部は, 各地に総合的な一次相談窓口として, 子ども・若者総合センターの設置を進めており, 「ひきこもり」支援もそうした流れのひとつに位置づけられている。

参照文献

朝倉景樹, 1995, 『登校拒否のエスノグラフィー』彩流社.
玄田有史・曲沼美恵, 2004, 『ニート——フリーターでもなく失業者でもなく』幻冬舎.
玄田有史・斎藤環, 2004, 「『ニート』は世間の目が怖い——働くことも学ぶことも放棄した若者四〇万人の実情」『Voice』324: 138-147.
畠中雅子, 2012, 『高齢化するひきこもりのサバイバルライフプラン——親亡き後も生きのびるために』近代セールス社.
本田由紀・内藤朝雄・後藤和智, 2006, 『「ニート」って言うな!』光文社新書.

石川良子, 2007,『ひきこもりの〈ゴール〉――「就労」でもなく「対人関係」でもなく』青弓社.

伊藤順一郎ほか, 2001,『地域精神保健活動における介入のあり方に関する研究 中間報告書』(平成12年度厚生科学研究障害保健福祉総合研究事業).

伊藤順一郎監修／ひきこもりに対する地域精神保健活動研究会編, 2004,『地域保健におけるひきこもりへの対応ガイドライン』じほう.

川北稔, 2007,「アイ・メンタルスクール事件報道の概要」芹沢俊介編『引きこもり狩り――アイ・メンタルスクール寮生死亡事件／長田塾裁判』雲母書房, 21-54.

近藤直司, 2000,「引きこもりケースへの援助」『月刊地域保健』31 (10): 37-52.

――――, 2008,「青年期ひきこもり問題の現状――最近の精神医学的知見と主な論点について」『精神科』12 (6): 453-457.

小杉礼子編, 2005,『フリーターとニート』勁草書房.

工藤宏司, 1995,「『不登校』の社会的構築――モノグラフの試み――(下)」『大阪教育大学教育実践研究』4: 85-102.

――――, 2002,「社会問題としての『不登校』現象」『大阪府立大学人間科学論集』32/33: 21-57.

――――, 2006,「『不登校』現象とスティグマ――『不登校新聞』記事タイトル・データベース解題にかえて」中河伸俊編『スティグマの相互行為的マネージメントと文化的構成の研究』平成16年度～17年度 科学研究費補助金基盤研究 (C) 成果報告書, 82-91.

――――, 2008,「ゆれ動く『ひきこもり』」荻野達史・川北稔・工藤宏司・高山龍太郎編『「ひきこもり」への社会学的アプローチ――メディア・当事者・支援活動』ミネルヴァ書房, 48-75.

――――, 2013,「『ひきこもり』社会問題化における精神医学――暴力・犯罪と『リスクの推論』」中河伸俊・赤川学編『方法としての構築主義』勁草書房, 17-35.

工藤定次・斎藤環・永冨奈津恵, 2001,『激論！ ひきこもり』ポット出版.

工藤定次／スタジオ・ポット, 1997,『おーいひきこもり そろそろ外へ出てみようぜ――タメ塾の本』ポット出版.

工藤定次・YSCスタッフ・永冨奈津恵, 2004,『脱！ひきこもり――YSC (NPO法人青少年自立援助センター) の本』ポット出版.

森口秀志, 2006,「今こそ必要な『ひきこもり』支援」『月刊社会民主』609:

28-30.

森田洋司, 1991, 『「不登校」現象の社会学』学文社.
永冨奈津恵, 2004, 「ひきこもり支援の現状から——今, 自治体に求めたいこと」『地方自治職員研修』37 (7) : 80-83.
中河伸俊, 1999, 『社会問題の社会学——構築主義アプローチの新展開』世界思想社.
中垣内正和, 2007, 「大人のひきこもりの現状と問題点」『月刊地域保健』38 (2) : 44-52.
奥地圭子, 1989, 『登校拒否は病気じゃない——私の体験的登校拒否論』教育史料出版会.
————, 2005, 『不登校という生き方——教育の多様化と子どもの権利』NHKブックス.
長田百合子, 1999, 『本音でぶつかれ！——不登校, ひきこもり, 非行で悩む家族へ』中日新聞社.
齊藤万比古, 2008, 『思春期のひきこもりをもたらす精神科疾患の実態把握と精神医学的治療・援助システムの構築に関する研究　平成19年度総括・分担研究報告書』.
————, 2011, 「ひきこもり新ガイドラインについて（講演録）」『ひきこもり支援者読本』内閣府子ども若者・子育て施策総合推進室, 125-143.
斎藤環, 1998, 『社会的ひきこもり——終わらない思春期』PHP新書.
————, 2000, 「『ひきこもり』への偏見を正す——京都や新潟で起こった異常犯罪との因果関係はない」『Voice』268: 146-155.
————, 2002, 『「ひきこもり」救出マニュアル』PHP研究所.
————, 2004a, 「『ニート』対策はいかになされるべきか」『中央公論』119 (10) : 46-49.
————, 2004b, 「『ひきこもり』がもたらす構造的悲劇」『中央公論』119 (12) : 42-45.
————, 2005, 「ひきこもりは爆発する」『Voice』326: 46-47.
境泉洋・平川沙織・原田素美礼・NPO法人全国引きこもりKHJ親の会, 2012, 『「引きこもり」の実態に関する調査報告書⑨——NPO法人全国引きこもりKHJ親の会における実態——ひきこもりと生活機能』.
芹沢俊介, 2002, 『引きこもるという情熱』雲母書房.
————編, 2007, 『引きこもり狩り——アイ・メンタルスクール寮生死亡事件

／長田塾裁判』雲母書房.
塩倉裕, 1999,『引きこもる若者たち』ビレッジセンター出版局.
Spector, M. B. and J. I. Kitsuse, 1977, *Constructing Social Problems*, Menlo Park, CA: Cummings Publishing Company.（= 1990, 村上直之・中河伸俊・鮎川潤・森俊太訳『社会問題の構築——ラベリング理論をこえて』マルジュ社.）
高岡健編, 2001,『孤立を恐れるな！——もうひとつの「一七歳」論』批評社.
高山龍太郎, 2008,「不登校から『ひきこもり』へ」荻野達史・川北稔・工藤宏司・高山龍太郎編『「ひきこもり」への社会学的アプローチ——メディア・当事者・支援活動』ミネルヴァ書房, 24-47.
竹本達也, 2006,「ニートの『出現』と『増加』が意味すること——その構築主義的読解」『社会学研究科紀要』6: 1-28.
吉本隆明, 2002,『ひきこもれ——ひとりの時間をもつということ』大和書房.

第2章 「ひきこもり」実態調査とは何であったのか
——2000年以降の経緯と担い手の変化を中心に

古賀正義・五味靖

1 公式調査による問題の発見・構築と世論の反響

1.1 内閣府調査のインパクト

　2010年に内閣府は，国として初めての全国レベルのひきこもり実態調査を実施した[1]。ひきこもりへの世論の関心が増大するなか，政策的な対応を進めるための調査であった。満15歳から39歳の5,000人の若者に対して居住先への訪問による留置法によってアンケートを実施し，狭義のひきこもり発生率が0.61%，また準ひきこもり発生率が1.19%とされ，これらを合わせると全国にひきこもりの若者が約70万人いるという推計値が示された（その後，類似の調査が内閣府によって2度実施され，直近では2016年に行なわれて，約54万人という推計であった）。

　この調査が示した数値の世論へのインパクトは強かった。例えば毎日新聞社説（2010年7月10日）には，「ひきこもり70万人，国の危機と認識しよう」というセンセーショナルな見出しとともに，この調査が紹介されている。ひきこもり潜在群（自分の部屋に閉じこもりたいと思うことがある若者）まで含めれば実は推計が155万人にものぼることが解説され，「少子化で先細りしている若年層がこれでは，この国の未来はどうなるのだろうか」と案じている。

　この社説では，調査手続き自体には触れることなく，「自分の部屋からほとんど出ない，あるいは近所のコンビニに行くだけという

人が23万人。趣味に関する用事の時だけ外出するという人も加えると約70万人」と種々の推計値だけが強調された。統計結果を引き合いに出しつつ,「政府の対応は場当たり的で後手に回った」とし,「孤立した家族内で悲惨な事件が起きたり,根拠の薄い治療や教育で事態が悪化したりするケースも少なくない」と施策に警鐘を鳴らした。ここには行政を中心に実施される公式の実態調査が世論の動向に強く連動し,「数字のマジック」と呼べるような問題の深刻さを強調する印象操作が生まれやすいことが見える。

　なぜ,公式調査がこれほどのインパクトを与えたのか。一般的に定義すれば,「ひきこもり」は,長期にわたって自宅や自室に閉じこもり,社会活動に参加しない状態が続くことを意味する。家族以外の関わりに強い不安を抱き,それを忌避して自分の居場所である家庭内に閉じこもる者であり,その存在自体を確証することが難しい。いいかえれば,当事者の家族や精神科医,NPO支援者らによる問題指摘はあっても,総体的な存在の確認自体ができないという特異性があった。問題に苦しむ人はいながら,問題があると一般的にはいえない,「存在しながら見えない問題」だったといえる。

　公式調査はこの問題を数量的に見える化し,若者によく起こりうる問題としてのひきこもり現象への「根拠」を与えたとみることができる。同時にこうした調査の存在は,ひきこもりが行政的な「支援対象」となったことも明確に示していた。

1.2　公式調査の特異な困難性

　そもそも歴史を遡ってみればすでに1980年代から,精神科医や若者支援団体の一部などによって,ひきこもりの存在を指摘する声が存在していた。だが,すでに述べたように,自室にいて他者との関係を取り結ばないひきこもりの若者の実態を証明できるのは当事者のみであり,しかも,家からどの程度出られるのかとか,どのよ

うな人になら会ってコミュニケーションが取れるのかなど，ひきこもる度合いに関しても，日常生活を共有する家族にしか判別できなかった。

それゆえ，「扱いにくく曖昧な現象」であるひきこもり事例は，その実態を調査すること自体が困難といわれ続けた。例えば，社会学者工藤宏司らは，実態を把握するための調査実施をめぐって，統計的な観点からの困難性を2点指摘している（工藤・川北 2008: 77-81）。

第1に，「暗数」の問題がある。非行における暗数といえば，補導されるべき逸脱行為がありながら警察等に見つからず，あるいは補導までに至らない潜在的補導者数をさす。そのため，補導の恣意性による暗数の指摘がなされる。これに比してひきこもりは，本当に数え上げられず，推計しかできない。ひきこもりの若者本人やその関係者が訴え出て相談する過程がない限り，存在は公的に表出しない。「暗数ならざる暗数」なのである。

第2に，「ひきこもり本人の定義」という問題もある。例えば家から趣味の用事では外出するがその他は出ないという人はひきこもりなのか，精神的に落ち込んでいて一定期間人に一切会わなかった人はひきこもりなのかなど，境界設定が難しい。ちょうど「いじめ」認知が当事者の解釈によって変わり，犯罪的暴力からおふざけまでがどれもいじめとなってしまうように，認知する基準は一義的でない。

それゆえ，実態調査のためには操作的な前提がなければならず，そこで示されるひきこもりの実数やその原因，周囲への影響，対処の方法などの調査結果は，困難な実例の印象とは離れた統計的結果に読み替えられやすい。実際には，当事者への調査実施に関わる手続きや前提条件によっても，数値は変わる。同時に，調査実施主体がどのような利害の人々であり，いかなる議論を期待しているのかも，数値に影響を与えてしまう。

ベストによる社会構築主義の議論によれば（Best 2008），公式調査の置かれた政治的な文脈や調査結果のメディア報道の取り上げ方なども含めて論じない限り，ひきこもり数値の一人歩きや支援施策上必要とされるひきこもり実数の不在といった課題が消えることはないといえる。

1.3　公的な実態調査の始まりと不登校問題との関連

　実は，公的調査は内閣府のそれが最初ではなかった。いま一度，工藤らのひきこもり実態把握の研究をみていきたい（高山 2008）。彼らは，以下のような3つの時期区分をしている。

① 2000年頃までの，実態がほとんどみえず，いわば「当て推量」をしていた時期
② 2001年からの本格的に統計的事例的な調査が実施され始める時期
③ 2004年以降のさまざまな若者問題と関連づけて多様な調査に組み込まれた時期

そこでまず，実態調査の始まりとその拡大の流れについて触れてみたい。
　重要な点であるが，問題認知の初発時期となる1990年代後半をみると，ひきこもり問題は，若者問題ではなく，子どもの不登校現象の延長として受け止められていた。不登校であった子どもが，その後も問題解決できず，ズルズルと家庭に取り残され社会とのつながりを失うことで，結果，ひきこもりの若者になるというものである。発達のライフコースに連なる「問題継続のストーリー」があった。
　いまでもよく語られ，そして強く信じられてもいる不登校とひきこもりとの関連は，公式調査によって補強されていった。とりわ

け，1998-99年にわたって実施された教育社会学者森田洋司らによる「不登校に関する実態調査：平成5年度不登校生徒追跡調査」は有名である（森田編 2003）。

この調査の目的は，不登校増加の切迫した状況に基づいて，「不登校当時の状況，当時の心境，不登校時の援助体制，その後の進路状況等について追跡調査を行い，もってこの問題に対する学校での相談指導のあり方や支援方策を検討し，今後の学校での取り組みや施策の一層の充実を図るための資料を得ること」とされている。

調査対象は，都道府県教育委員会の提供した名簿から，1993年時点で公立中学校3年生だった生徒のうち「学校ぎらい」を理由に年間30日以上欠席し中学校を卒業した生徒（約2万6千人）であった。調査方法は，卒業5年後（20歳前後の若者）の時点での悉皆フォローアップ調査であり，郵送法によるアンケート調査の依頼と返送（調査実施者は3,307人＝回収率12.7%）の後，協力了承者に対する電話インタビュー調査（952人）を行うものであった。

この調査でひきこもりに関連する質問項目はわずかにすぎない。例えば「現在の状況」の項目において就労と就学の状況を尋ね，その結果，いずれも「していない」と答えた者が対象者の2割おり，家事手伝いも含むため，男性に比して女性が多くなっていたと報告されている。興味深いことに，調査報告書では，不登校経験者がその後の進路現況で「就学・就労せず」であったとしても，その状態がそのまま「ひきこもり」を意味するものではないことに注意を喚起していた。

その一方で，インタビュー調査では「音楽を聴いたり，パソコンでインターネットをしたりの生活」，「テレビを見ているか，寝ているか」などの回答があったとし，「家にひきこもりの状態の人も見られた」と指摘している。つまり，ひきこもりを不登校のその後の進路の困難としてかなり主観的に位置づけているといえる。

社会学者石川良子によれば，それまでの不登校の語られ方は，主に以下の3つのフェーズを変化してきたといわれる（石川 2006）。

① 精神的医療的な病としての登校拒否（1960年代）
② 学校問題としての登校拒否（1970〜80年代）
③ 学校の価値観と異なる生き方としての不登校（1990年代）

この経緯のなかで，90年代後半の不登校理解では，違う生き方を選択した結果として生じる，その後の進路選択の困難や不利益などに目が向けられた。つまり，「ひきこもり」は学校不適応者の自己決定的なライフコースの行く末と読み取られたのである。

1.4 無業者・NEET問題との新たな関連

就学の不完全さが与える卒業後の困難な将来の問題がクローズアップされると，就学から就労への連続性の解体とポスト青年期の延長を論じる「移行・トランジション調査」も広がった。ここでも，困難な将来像として「ひきこもり」が登場する。2002-03年にかけて，労働社会学者小杉礼子らによって実施された『学校から職業への移行を支援する諸機関へのヒアリング調査結果——日本におけるNEET問題の所在と対応』はよく知られる（小杉・堀 2003）。この調査は，就業も就学もしていない無業者いわゆる「ニート」に関する本格的な報告だったが，調査ヒアリング機関には多くのひきこもり支援団体が選出されていた。

ここでも，公的調査に特有な推計値のレトリックが使われた。2000年の15歳から34歳までの年齢層で，失業者146万人に対し，非労働力化したNEET層は76万人。医学的見地や家族問題としての取り組みなどNEETへのさまざまなアプローチとは別に，就労支援に特化する意義が訴えられた。

公的調査の系譜からみれば，ひきこもりが，子どもの不登校問題

から進展し，その後の社会不適応問題として扱われ，さらには無業者・ニート問題へと接続されていったことが読み取れる（そして，近年は生活困窮者自立支援法の下で格差・貧困問題へと接続していく）。

しかし，ここで注意しておかなくてはならないことは，学校問題や就労問題と関連づけられて従属的に「問題視」はされていても，ひきこもりがさまざまな立場の若者あるいは中年まで続く高年齢の若者に起こる独立した「問題」としては成立していなかった事実である。

現在のように，ひきこもり自体が問題として成立し，支援対象となった過程，すなわちひきこもりを「問題視」から「問題化」へと後押ししたのは，どのようなグループやその相互力学だったのだろうか。次節からは，ひきこもりが大きな社会問題・若者問題として実体化していく過程を，「マスメディア」，「支援団体」，「行政」の3つの機関とそこで時々に行われてきた実態把握・調査に焦点をあてて考察してみたい。

結論的にいえば，こうした3つの問題構築のエージェントは，相互に異なる利害を抱えており，情報の交換や議論の過程でそれぞれが問題の実体化に貢献した（アウトサイドの関係性）。だが，同じエージェントの内部にも異なる立場性の人々が存在しており，必ずしも内部で事実認識が共通されないなど（インサイドの関係性），錯綜したひきこもり問題構築の語り方が生じてもいた（Best 2008）。その結果として，医療・福祉・労働・教育など多様な援助の入り口が家族を含む当事者に提供され，支援対象としての「ひきこもる若者」が未来の社会形成への切迫した課題として定着していったといえる。

2 マスメディアが喧伝するひきこもり問題

2.1 朝日新聞連載記事とその反響

　不登校などの従属的問題として出現したひきこもりが世間に認知されるようになったのは、メディア報道による喧伝の影響が大きい。ここではそのなかでも注目される、朝日新聞の特集連載記事とNHKによるキャンペーン運動のインパクトをみてみよう。

　多くの新聞社のなかでも、1997年2月から6回連続で連載された朝日新聞の記事は反響が大きかった。当時学芸部記者であった塩倉（その後、ルポライターに転じてひきこもりを専門に扱い『引きこもる若者たち』も著す）は、連載企画を「人と生きたい——引きこもる若者たち」と題して開始している（塩倉 1999）。

　ひきこもり本人と家族の事例が記事の中心であり、抜け出せない問題としての「ひきこもり」をめぐって本人や家族が翻弄される様子が記されている。社会的援助の可能性についても紹介がなされ、「親の会」や「フレンド・スペース」（居場所づくり団体）などの支援活動も実践的に紹介している。読者となる若者自身や親世代の人たちに、この問題の深刻さとどの若者の身近にも起こる危機であることを伝え、「脱出」の手立てを提示すると記された。

　塩倉自身は、著書のまえがきの中で、「黙殺されがちな小さな叫びを『外界』に届けるパイプとしてこの本を記そうと思う」と述べている。ここには、当人も家族もひた隠して世間に表出しにくく、それゆえに親の過保護や本人の怠けあるいは精神の異常など誤解に満ちた理解が生じやすいことに対して、正確な実態を広く世間に認知させたいという思いが読み取れる。

　取材を通して塩倉は、3人の異なる専門家へのインタビューを行っている。臨床心理士の田中千穂子は、1996年に『ひきこもり——「対話する関係」をとり戻すために』という著書を出し、診断

に来る親の話を聞いていると，良かれという「親の思い込み」と「子供が実際に求めるもの」とにズレがあり，共依存も意識しつつ，ひきこもりは「対話する関係」の喪失であると位置づけている（田中 1996）。他方，精神科医の近藤直司は「精神科医療」も支援に組み込むべきだと主張している。薬を使うことに抵抗を感じてしまう人が多いが，現実的に医療的対応を理解することは，本人だけでなく家族にも求められていることだと述べる。さらに，家にこもりがちで自立の悩みから自殺してしまった次男の記録を描いた『犠牲（サクリファイス）』（柳田 1995）を執筆したばかりのルポライター柳田邦男は，「ウチと同じ事例だ」と話すひきこもりの母親の話と，次男の自死を関連づけて語っていた。

朝日新聞の連載とその反響を通して塩倉は，ひきこもりへの理解の中心が，本人だけでなく家族らを含めた当事者へのアプローチの方法にあり，その手だてとして臨床心理学や精神医学などの広範な援助のあり方を理解し活用することが必要だと論じている。

2.2 NHKのひきこもりサポートキャンペーン運動とその影響

より強く世論に影響を与えたのはNHKの連続番組である。2002-03年にかけて，テレビ放送50周年事業として，「にんげん広場・ひきこもりサポートキャンペーン」プロジェクトは開始された。「ネット相談室」を開設し，全国から3,000件余りの相談が寄せられたという。その後，ひきこもり本人に限定して行われたホームページ上のアンケートでも1,000件を超えるアクセスがあり，その結果は書籍として出版された（斎藤監修 2004）。

この時の「ネット相談室」の内訳によれば，想定をこえ，相談者の割合は本人が過半数をしめた。相談機関の場合，ひきこもり本人が直接出向くことは非常にまれであるため，プライバシーを守りながら心を打ち明けられる「ネット相談室」の特性が有効であると評

価されたという。

　さらに興味深いことに，年齢区分では，10代は2割しかおらず，30代以降が3割に及んだ。ひきこもりは子どもの不登校から発生するケースが多いと考えられてきたが，必ずしもそうとは限らないことが確認された。どの年齢層でも起こりうるという意見が相次いだ。すでにみた，不登校・ニート問題への関連づけの根拠が疑われたといえ，この番組はひきこもり問題の独自性と当事者の深刻さを喧伝することにもなった。合わせて，当事者が利用する相談機関として，小児科・心療内科・精神科を合わせた「医療機関」が多いことも指摘され，他の問題との違いも鮮明になった。

　後述するが，実は厚生労働省は内閣府と異なる医療のスタンスからの実態把握を試みてきた。いいかえれば，診療・治療の対象者にひきこもりの若者が多くいることから，対応のための「ガイドライン」を示してきた。そこでは，ひきこもりへの対応機関・施設として精神保健福祉センターや保健所などが位置づけられた。地域の情報を蓄積し適切な相談機関へつなげるコーディネーター機能を担うなど，支援体制の充実が期待された。病院だけでなく，旧厚生省管轄の医療関係機関の連携がひきこもり問題の支援と重ね合わせて考えられていた。

　「ネット相談室」を核としたこうしたキャンペーン運動やそこで行われたアンケート結果の意味を，精神科医の斎藤環は，以下の点から評価してほしいと論じる。

①親に，ひきこもりご本人の見えない苦しさを何らかの形で理解してほしい
②同じひきこもりの悩みを持つ人がいることを知って，希望につなげてほしい
③第三者の助けを必要としている当事者がたくさんいることを

第2章 「ひきこもり」実態調査とは何であったのか

知ってほしい

　TVメディアによるキャンペーンは、ひきこもり本人や家族の困難に焦点化されることによって、その存在を広く世間に認知させることになった。それは、ひきこもりという言葉すら知らなかった多くの人々の関心を喚起しただけでなく、「自分もそうかもしれない」と当事者性を感じ取らせたという点においても、大きな影響のあるものだった。

2.3　精神医学の対象としての「ひきこもり」への批判

　NHKのキャンペーン運動ではひきこもりに関わる多くの専門家も紹介された。しかしながら、その後に出版された書籍で確認すると、執筆者18名中8名は精神科医、また1名は臨床心理士であった。このような精神医学の優位は、先の連載記事のインタビュー対象者もそうであったように、マスメディアがひきこもりを扱う上で、医療問題として位置づけることが優先されたことを物語っている。

　ひきこもりが語られ始めた1990年代後半をみると、臨床心理学や精神医学の領域で書籍が数多く出版されていた。特に注目されるのは、不登校問題の延長としてひきこもりを紹介する書籍が評価されたことであり、例えば臨床心理学者の富田富士也（1992）や精神科医の稲村博（1993）の著作が有名だった。

　富田は、92年に、ひきこもりを題名に冠した最初の書籍である、『引きこもりからの旅立ち』を出版し、翌年には民間団体「フレンド・スペース」代表に就任している。ここでは、すでに紹介したように、不登校のその後の問題としてひきこもりをとらえており、初期のひきこもり論を牽引した。

　他方で稲村は、「思春期挫折症候群」という問題設定から長らく不登校児を研究していた。その延長として、大量のひきこもり事例

を精神医学的に扱うようになる。85年からは自らが中心となって発足した任意団体「青少年健康センター」（SKC）[2]を運営する。これは，不登校・いじめ・出勤困難・ひきこもりなど子どもや若者の心の問題に取り組むNPO（稲村 1983）であった。

特に後日大きな事件となるのだが，86年当時，稲村研究室では精神病院の一角で不登校児の入院治療を行っていた。これがマスコミや精神医学会などの専門家に知れ渡り，不登校の子どもを安易に一律に精神病として対応することが問題視されることになっていく。子どもの人権無視として，精神医療に子どもを組み込むことの是非が議論され，稲村は激しいバッシングを受ける。

こうしたなか，98年には，稲村門下の精神科医である斎藤が，精神医学の枠組みを拡大した，現在でも問題理解のバイブルといわれる『社会的ひきこもり——終わらない思春期』を出版する（斎藤 1998）。ここでは新たに「社会的ひきこもり」という概念を構築して，「二十代後半までに問題化し，六カ月以上，自宅にひきこもって社会参加をしない状態が持続しており，ほかの精神障害がその第一の原因とは考えにくいもの」という定義を提起している。

特に，精神障害やその影響との区別を明確にしたことは特筆される。「6カ月」という期間設定は，DSM-Ⅳ（アメリカ精神医学会編による『精神疾患の分類と診断の手引き』の第4版）に由来しており，仮に精神障害が持続するとした場合の期間の目安である。ここにきて，稲村の問題を超えるべく，社会的な問題として「ひきこもり状態」を規定する定義が登場したのである。

2.4 社会的問題としてのひきこもりへ

斎藤は，前掲書（斎藤 1998）の中で，1983-88年の6年間にわたって自身の所属する研究室の関連機関を受診した患者を対象に行った事例調査を紹介している。恐らく問題を規定するには証拠となる素

第2章 「ひきこもり」実態調査とは何であったのか

材が不可欠だったからである。

実際，斎藤自身が参与しているSKCが主体となって，2000-01年にかけて，先駆的なひきこもり実態調査が実施された。クリニック院長でセンター常任理事でもあった精神科医の倉本英彦によって，「青少年の社会的ひきこもりの実態・成因・対策に関する実証的研究」の一部として刊行されている（倉本2002）。

調査は，厚生労働省の精神保健福祉課長名によって実施され，各都道府県等の精神保健福祉担当主管あてに依頼して，全国のすべての保健所（当時641カ所）と精神保健福祉センター（当時55施設）に調査票が送付され，ひきこもり通所者の状況について回答を求めるという方法であった。いいかえれば，旧厚生省の調査を受託して機関調査をするという形式であった。

調査対象の「ひきこもり」の定義は，先の斎藤より踏み込んでいた。「①6ヶ月以上自宅にひきこもって社会参加しない状態が持続しており，②分裂病などの精神病ではないと考えられるもの。ただし，社会参加しない状態とは，学校や仕事に行かない，または就いていないことを表す」とされた。質問項目は，①最近1年間の精神保健福祉相談（電話相談を含む）のケース数のうち，精神病でないひきこもりの相談件数，②精神病でないひきこもりの問題行動，年齢と継続期間，経歴と依頼経路，③ひきこもりへのデイケア・グループ活動の実施状況や家族が参加できる会の開催状況などであった。

ここでは，ひきこもりが精神病と関連しているかどうかが詳しく調べられたことがわかる。その結果，精神病ではない社会的ひきこもりの存在が実態として確認されることとなり，加えてそれが増加傾向にあることも指摘された。社会的ひきこもりは少なくとも人口1,000人あたり1人は存在するとされた。「青少年健康センター」による実態調査（＝厚労省委託調査）は，不登校研究の流れを汲みつつ，精神医学的観点から，「ひきこもり」それも「社会的ひきこもり」

57

を扱おうとするものであったとみることができる。

2.5　社会的ひきこもりの類似調査の広がり

　新たな精神医学的アプローチによる調査は，2002年の国立精神・神経医療研究センター精神保健研究所の川上憲人らによる，『地域疫学調査による「ひきこもり」の実態調査』（川上ほか 2003），あるいはその後の吉川らによる同種の調査（川上ほか 2004）とも一脈通じている。この調査は，「ひきこもり」の量的実態を推計できる資料を得ることを目的として，疫学調査の手法を用いて一般市民に対して行った調査であった。

　調査方法は，調査員による個別訪問の面接方式をとっていて，調査対象は3県に住む20歳以上の一般住民から無作為抽出された1,646人であった。ここでの「ひきこもり」の定義は，「仕事や学校にいかず，かつ家族以外の人との交流をほとんどせずに，6ヶ月以上続けて自宅にひきこもっている」状態とし，時々買い物などで外出することがある場合もひきこもりに含める，緩やかな定義となっている。ここでも，斎藤がそうしたように，「ひきこもり」は精神障害ではなく「状態像」として定義されている。

　質問内容については，対象者にこれまでに「ひきこもり」といえる経験があるか否か，あった場合にその理由や時期，年齢，その期間などについて回答を求めている。20代から40代の「ひきこもり」経験を調査したところ，結果として，9人（690人中）が過去にそのような経験を持っていた。現在ひきこもり状態であると回答した者はいなかった。また，全対象者のうち子どもがいる世帯について現在「ひきこもり」状態である子どもの有無を調査したところ，14世帯（1,646世帯中）に存在し，その率は0.85％であったという。この率を単純に平成14年度の全国の総世帯数にかけると，41万世帯がひきこもりを抱える世帯になると推計された。

この時期の精神医学的な担い手による実態調査では，それまでと異なり，ひきこもりを精神障害などの医学的疾病の一症状とすることなく定義づけ調査していることが注目に値する。いいかえれば，この時期にきて初めて，ひきこもり問題が，個人の学校不適応などの問題でもなく，医療的な精神疾患の問題でもない，これまでの原因論では読み解けない，原因不特定な社会的問題として認知されたことを示している。

調査結果からの推計値によるひきこもり41万世帯というのは，当時としてはインパクトが強く，マスコミのみならず，さまざまな関連本で引用されることになった。興味深いことに，次年度調査（川上ほか2004）による24万世帯という低い結果は広まらなかった。こうしてひきこもりは，精神医学的原因が特定されにくい社会問題として認知されていった。

3　支援団体の活動と実態調査への傾斜

3.1　ひきこもり問題支援団体の広がりと専門家とのつながり

精神医学的な理解による拡大した定義がとられるようになるのと並行して，マスコミの喧伝する身近に起きるひきこもり問題発生の理解も広まった。情報が拡散することに伴って，ひきこもり当事者やその家族らを支援する団体の広がりもみられ，専門家だけでなく過去の体験者なども活動に参加していくこととなった。実態調査も，支援活動の裏づけとして必要度が高まっていく。

ここでは「青少年自立援助センター」（YSC）[3] に注目したい。この団体の歴史は古く，代表の工藤定次はもともと学習塾経営者であったが，ひきこもりの子どもを入塾させて以来，共同生活を行う寮や社会経験を養う多くの施設を設立し「タメ塾」をスタートさせた。80年代当時，彼は不登校児に対するフリースクール・フリー

スペース運動に違和感を抱いていた（工藤ほか 2001）。それは家からすら外出できずフリースクールにも通えない「純粋ひきこもり」の存在を看過しているのではないかという疑問からであった。97年，『おーいひきこもり　そろそろ外へ出てみようぜ——タメ塾の本』（工藤ほか 1997）を出版し，1999年「青少年自立援助センター」はNPO法人となる。

2001年には前述した斎藤と工藤が対談し収録した本が出版された（工藤ほか 2001）。そこでは，それぞれの「ひきこもり評価」について語りあっているが，類似した活動を行う団体同士が歩み寄り，問題の相互理解を進める必要があったといえよう。これ以降，斎藤環はひきこもり論壇のオピニオンリーダー的存在になり，『若者のすべて——ひきこもり系VSじぶん探し系』（斎藤 2001）など，著書を多数出版することになる。一方，工藤定次・啓は若者就労支援の団体「育て上げネット」を展開していく。

3.2　支援団体による相次ぐ実態調査の実施

興味深いことに，2つの支援団体による実態調査がそれぞれ2001年に始められている。それは，もともとのリーダーの専門性（医師対塾経営者）の違いによるひきこもりに対する理解や診断の合意形成の難しさがあったから，とみられる。

SKCによるひきこもり実態調査は，前述した厚生労働省調査にみられるような，精神医学的アプローチによるものだった。他方で，YSCは助成金をえ，「育て上げネット」[4]との共同事業として「不登校・ひきこもり関係の諸施設の実態調査」を実施した（プラットフォームプロジェクト編 2003）。

後者は，「プラットフォームプロジェクト」事業と称され，目的は不登校やひきこもりの支援団体の正確な情報を把握することであった。調査方法は，メンバーが調査地へ赴き，統一した質問項

目をもとに支援施設の聞き取り調査を行うものだった。調査対象は宿泊型施設をリストアップし、許諾を得た40団体だった。団体代表者に対して、団体の特徴、年齢別目標、施設における自立の定義、在籍生の就職状況とその支援体制、外部医療機関との連携、保護者へのサポート体制などを質問した。同時に、スタッフや在籍生、団体を卒業したひきこもり経験者にも聞き取りを行った。

　2000年頃のSKCとYSCそれぞれによるひきこもり実態調査は、どちらも先導的なものであった。しかしながら、両団体の調査関心の差異は明瞭であった。改めていえば、前者は、ひきこもりの実態をより精神病理学的な視点で明らかにし、後者は、ひきこもりの自立支援とりわけ就労を模索する意図が中心である。調査成果だけからみれば、「典型例」も「統計資料」も実証的には提示できなかったといえる。とはいえ、社会運動体として支援団体が成長していく過程で、また、運動の支持者を集める上で、実態調査が必要だったことは注目に値する。

3.3　KHJによる継続的な実態調査と社会背景

　ひきこもり支援団体による実態調査で長く継続している唯一の事例がある。それは「特定非営利活動法人KHJ全国ひきこもり家族会連合会（前の名称は、全国引きこもりKHJ親の会）」[5]による2003年から現在まで実施されてきた『「引きこもり」の実態に関する調査報告書』であり、2013年までには計10回が実施された。

　KHJ親の会とは、1999年に発足したNPOで、「KHJ」は当初、強迫性神経症・被害妄想・人格障害の頭文字からとっていたが、現在はKazoku Hikikomori Japanの略称からである。設立目的には、①親の会（家族会）や家族教室などによる、世間体等に依る自縄自縛（二次障害）、悪循環・長期化の排除、②療法等の情報交換、③薬剤の処方、特例許可の申請（医師に親の面接と問診票提出で精神安定剤等の

処方ができるようにすること), ④神経精神障害者としての障害者認定の申請 (障害者基礎年金の申請), ⑤社会人となるためのあらゆる可能性 (専門施設建設や支援制度等) の模索, ⑥行政当局の責任窓口, 各種支援の要望, ⑦家庭と実社会の中間施設を全国に構築, を掲げている。

KHJは設立当初, ひきこもりの「精神障害」としての側面を強く押し出していることが特徴であった。さらに, 家族会連合会と通称されるように, 全国42支部6千余の家族と14準地区会8千余の家族を抱える大規模組織であった (2012年時点)。社会運動体として十分機能しうる支援団体である。

KHJ親の会が始めた実態調査の試みは,「ひきこもり」が広く世間に認知され, それにつれて誤解や偏見への関心が強まったことと無関係ではない。例えば, 2004年NHKキャンペーンの出演者であった作家が執筆した小説『N・H・Kにようこそ!』がコミック化された (「N・H・K」とは「日本ひきこもり協会」の略で, 大学中退のオタク青年を描いた作品) (滝本 2002)。また, フリーライターの荒川は, 不登校やひきこもりの若者にイタリアの農園で共同生活を体験させるという「ニュースタート事務局」の活動を紹介している (荒川 2009)。

このように, ゲームにはまるオタク文化と戯画的に表現される, あるいは海外への逃避といった偏った見方が出現するなど, ひきこもり当事者は, さまざまな安易なネガティブイメージと格闘せねばならなかった。実態の峻別は重要な課題となっていた。

3.4 KHJによる大規模調査の示唆

KHJ親の会によって開始された実態調査は, 開始当初から全国5,000家族を対象とする大規模調査だった。しかも, 一貫して臨床心理士らが参加し, その企画と分析を担ってきた。第9回調査報告

書によれば，月例会に参加した者のうち，調査協力の得られた家族371名，ひきこもり経験者106名が対象であった。ひきこもり本人の年齢は全体では平均31.4歳と，高年齢化しており，また，ひきこもり開始年齢の平均が19.8歳，ひきこもりの期間は平均10.2年とされた。

調査結果からは，有益な社会福祉的支援を本人や家族が受けやすくすることを目的として，問題を理解するという功利的視点が読み取れる。例えば，第1回調査では，ひきこもり問題の支援体制の模索と現状把握が示され，第2回調査では，現在ある支援の情報共有と支援の効果を調査する意義を提示している。第3回調査では，財政・費用対効果などを考慮した支援と他機関との連携が，第4回調査では，これまでの調査から本人の特徴や家族関係・社会との関係が示され，本人調査や医療的視点などのアプローチの必要性が指摘された。ひきこもり支援の枠組みを明確化することで，医療制度・福祉制度の利用や地域とつながるシステムの構築を求めている。

KHJが本来親の会であることから，ひきこもりの長期化や高年齢化が一貫して危惧されており，そのため，ひきこもりは本人の問題というだけではなく，家族の問題として位置づけるべきことがたびたび強調されている（その後も，関係者であるジャーナリスト池上正樹などが，この点を強調している（池上 2014））。

特にひきこもり問題の特異性によって，家族にとって支援や相談機関の情報が限られ，家庭の経済面でも困難に陥りやすく，当事者の若者だけでなく家族全体がひきこもってしまう事例もあるとされた。そのため，医療・福祉制度の安価な利用や地域社会での協力など，支援のための社会的つながりが必要とされた。

第5回以降は本人調査も開始された。ひきこもり本人と家族との認識の「ズレ」に焦点が当てられ，その根底にはひきこもり当事者の精神的な対人関係不安があると強調された。第6回調査では，本

人と家族の認識の差異を考慮した支援と「ひきこもり地域支援センター」への協力を強化することが主張されている。第7回調査では，本人と家族との生活の質についての調査からひきこもりからの回復過程にある時の特徴を示唆し，第8回調査では，広汎性発達障害が原因という医療的視点の発見と心理的支援による就労促進の必要を説いている。

ここまでの経緯を眺めてみると，ひきこもりの家族が社会福祉への支援を希求し，運動体として行政等に支援を求めていく過程に，調査が深く関わっていることがわかる。質問項目においても，その時々の政策的な利害関心に応じた設問が多く，例えば，厚生労働省が始める「ひきこもり地域支援センター」に対する要望の聞き取り，あるいは公表直後の「ひきこもりの評価・支援に関するガイドライン」の内容に関わる調査などもみえる。

まとめていえば，KHJ親の会の実態調査からは，世間のネガティブなひきこもりイメージに抗い，悩みを共有しながらも，社会福祉の支援対象となるために根拠となるデータを示そうとする姿勢が見受けられる。すなわち，受動的な支援という消極的な家族の態度を変えて，社会保障の権利を勝ち取るために能動的に支援を求める運動の方向への転換が読み取れる。

4　行政機関による調査と支援構築の視点

4.1　厚生労働省の把握と精神障害原因論への傾斜

KHJ親の会の実態調査には，ひきこもり本人が精神障害者として福祉対象となるための手段という側面があった。しかし，こうしたとらえ方は，支援団体によっては批判の対象となる。なぜなら，精神障害論がひきこもりの誤解や偏見につながるおそれがあるからである。ひきこもりが広く問題化するにつれ，精神障害なのか社会問

題なのかといった原因のとらえ方の違いから,団体が分裂するケースも見られるようになる。

行政機関の大規模調査においても,内閣府と厚生労働省において同様の相違があった。それは全国のひきこもり推計値にも表れる。冒頭に紹介したように,内閣府はひきこもり本人70万人,厚生労働省はひきこもり家族26万世帯としている。すでにみたように,不登校その後や就労支援などに力点を置くか,精神医学や疾病治療などに力点を置くかで,みえてくる問題は違ってしまう。

調査を先導したのは厚生労働省であった。前述した川上らによる「こころの健康についての疫学調査に関する研究」(川上ほか 2007)から始まり,2002年度から06年度に調査が実施され,特定地域住民からの無作為抽出サンプルに対して面接を実施している。広義のひきこもり定義であったこともあり,結果的に経験者は1.1%,調査時点で「ひきこもり」状態にある世帯は0.56%とされた。

さらに,03年の「10代・20代を中心とした『ひきこもり』をめぐる地域精神保健活動のガイドライン」に付された,精神保健福祉センターの相談事例を調査した伊藤順一郎らによる「『社会的ひきこもり』に関する相談・援助状況実態調査報告」[6]がある。また,「ひきこもりの評価・支援に関するガイドライン」の基礎となった齊藤万比古らによる「思春期のひきこもりをもたらす精神科疾患の実態把握と精神医学的治療・援助システムの構築に関する研究」[7]もある。ここでは伊藤らによる調査に注目したい。

まず興味深いことに,同じ精神医学的アプローチであるものの,川上らによる調査ではひきこもりが精神障害の一症状ではないという前提に基づく調査だったのに対して,伊藤らによる調査では,本人の精神医学的診断の既往歴が細かく尋ねられている。つまり,全国の保健所・精神保健福祉センターにおける現在の相談・支援状況を把握し,支援した事例に関する情報を収集して基礎資料をえよう

とした。そのため調査対象は，本人またはその家族が精神保健福祉センター等に来所相談（2回以上）をした者のうち，「社会的ひきこもり」の基準（＝自宅を中心とした生活，就学・就労といった社会参加活動ができない・していないもの，以上の状態が6カ月以上続いていること。ただし，統合失調症などの精神病圏の疾患，または中等度以上の精神遅滞をもつ者は除き，就学・就労はしていなくても，家族以外の他者と親密な人間関係が維持されている者は除く）にあてはまる事例すべてとなった。

結果として，全国での来所相談は4,000件強，回収されたアンケート（3,293件）から，ひきこもり本人についての平均年齢は26.7歳，男女比は男性8割弱，女性2割強であるとされた。精神医学的診断の既往歴では，重複診断をのぞいて何らかの既往歴がある事例は1,174事例（35.7%）にも上り，神経症性・ストレス関連障害（16.6%），人格障害（5.6%），高機能広汎性発達障害（1.8%）などとの関連が強いと指摘された。再び精神障害原因論への傾斜がみてとれる。

4.2　内閣府による調査との差異

この見解と異なる調査結果を示したものが，冒頭で示した2010年の内閣府による「ひきこもりに関する実態調査」であった。「ひきこもり」の定義は，妊娠中や育児に専念している女性や精神疾患を有する者は除き，「6カ月以上にわたり，就業も就学もせず，かつ家人以外との人間関係をほとんど有しない」者と緩やかにしている。

ここで注目すべきは，質問紙に表われた「ひきこもり」の操作的な定義のあり方である。①「ふだんは家にいるが，自分の趣味に関する用事だけ外出する」（1.19% = 46万人），②「ふだんは家にいるが，近所のコンビニなどには出かける」（0.40% = 15.3万人），③「自室からは出るが，家からは出ない」（0.09% = 3.5万人），④「自室からはほ

とんど出ない」（0.12% = 4.7万人）という4つのうちからの選択となっていた。そもそも厚生労働省の調査では，①の選択肢はまったく存在していない。

しかも，「実際に相談したことのある機関」について尋ねたところ，トップは「病院・診療所」の57.1%であり，厚労省の調査対象となっていた精神保健福祉センターは9.5%，保健所・保健センターは14.3%にしかならなかった。これは，厚生労働省の調査における精神医学的診断の既往歴の割合に対抗する根拠となりえる対照的な数値であった。

4.3　東京都などローカルな自治体による委託調査の実施

内閣府調査は，本書の起点でもある2007-08年の東京都・青少年治安対策本部による「若年者自立支援調査研究」（「ひきこもりに関する実態調査」）（塩島 2011），あるいは首都大学東京による「ひきこもり・フリーター・ニートを中心とした調査研究」（玉野 2008）などがたたき台となっていたとみられる。

東京都による「ひきこもりに関する実態調査」[8]の特徴は，広く一般の若者を対象としつつ，ひきこもりの若者の特徴を把握しようとしたことにあった。ひきこもり状態にある人とそれ以外の人の日常生活の特徴を比較することによって，ひきこもりだけでなく「ひきこもり親和群」の特徴を浮き彫りにしようとした。つまり，従来の調査のように，対象を保健所や精神保健福祉センターなど，疾病管理を行う機関を通じて行うのではなく，一般の若者を対象として，そのなかから「ひきこもり」状態にあると推定される者を抽出し，別途，面接インタビューを試みるというものであった。

重要な点は，調査前に医学的なソートがかからないということであった。調査は2年間行われており，元国立精神・神経センター精神保健研究所所長の吉川武彦を始め，臨床心理学者や社会心理学者

あるいは教育社会学者などのメンバーが参加している。07年度に刊行された『実態調査からみるひきこもる若者のこころ』によれば，調査方法は，アンケート調査と面接調査との併用であり，主に以下の点が指摘されている。

① 都内におけるひきこもりの状態にある若年者の推計人数が，25,000人存在すること。
② ひきこもりの状態にある若者とひきこもりに親和的な若者，一般的な若者との意識傾向等の分析・比較の結果として，次のことが読みとれること。
　(a) ひきこもりのきっかけとして，就労に関わるつまずきが意外に多いこと
　(b) 不登校・いじめられ経験が他と比べて高いこと
　(c) 友人関係が他に比べて希薄な傾向にあること

次年度実施の『ひきこもる若者たちと家族の悩み』でも，同様に，①都内在住の15～34歳の若者（3,000人）への質問紙調査，②「ひきこもる若者」を対象とした質問紙調査（支援をしている団体等を通じて配布），および同意を得た「ひきこもる若者」に対する面接調査，③支援団体等を通した調査として，親・保護者への面接調査，などを含むものであった。

まとめていえば，東京都調査は多くの精神医学者・心理学者を擁しながら，すでに論じたように内閣府同様，「ひきこもり」を精神病理からみるのではなく，新たな若者を取り巻く環境が生み出した社会問題のひとつとしてとらえることとなっていた。

5 まとめと課題

5.1 問題化の手段としての「調査」

　これまで具体的にみたように、ひきこもりは、当事者の困難は語られていたとしても、総体的な問題として把握すること自体が難しく、その定義や把握の方法などによって実態理解が変わってしまう。そもそも社会問題理解に付きまとう調査の困難が、最も端的に表れている事例といえる。

　社会構築主義のベストも指摘するように（Best 2001 = 2002: 165-170）、社会問題の実態調査を理解する際には、調査の科学的客観性の有無などとは別に、調査実施の主体となる人々の立場や利害を看過することはできない。われわれは自分たちの立場や関心を裏づけるために実態調査を行うのであり、その統計的な結果には、信頼性・妥当性の保持といった調査の科学性とは別に、調査結果を喧伝して自己の運動や信念を正当化しようという意思が何らかの形で付きまとう。

　例えば、ひきこもり支援団体は、多方面からの支援の拡大を考えて、ひきこもりがより多数おり困難な状況にあることを実証データから示そうとしやすい。他方、ひきこもりを減少させたい行政部署や治療の専門家は、自らの施策や実践の成果を示すために、自らの対応する原因から生じる問題として推計データを読み取ろうとしやすい。

　構築主義の創始者であるキツセらも指摘するように（Spector and Kitsuse 1977 = 1990）、実態調査もまた、問題の言説を生産する資源のひとつであり、問題の当事者や関係者がどう理解するかばかりでなく、マスメディアが問題をどう扱い報道するかによっても、調査の含意は変わってしまう。

　再度、ベストの論点（Best 2008: 14-16）に倣えば、「ひきこもり」

現象はひとつの社会問題のクレイムとしてとらえることができる。社会問題のクレイムとは，問題を社会的に説得力のある議論にするための言説のレトリックに即した主張のことであり，それらは「問題の見地（grounds）」，「論拠（warrants）」，「結論（conclusions）」の3要素から構成されている。ここでいう「見地」とは，問題が生み出され存在意義を持つ社会的あるいは学問的基盤のことであり，「論拠」はそれを支える証拠となる調査や事例などのことである。さらに，その言説の利害を生み出す主張として「結論」も欠かせない。

特に，社会問題クレイムの「見地」は問題を形作る入り口として重要であり，問題があることを示すさまざまな証拠が示され，問題の輪郭に合う名前も付けられる。「見地」を提示する主な方法には3つあり，①問題の「典型的事例（typifying example）」を提示すること，②問題に適切な「名づけ（name）」をすること，③「統計資料（statistic）」で問題の範囲・内容を数値で示すこと，である。この3つの要素があると，社会問題としての市民権が得られ，問題としての困難さや解決の必要性の印象も強くなっていくという。

この点からすれば，本章で細かく分析してきたように，特にひきこもり問題では特出して，実態調査が問題化の手段として位置づけられてきたといえる。その推計値の取り方や数字の大きさに人々が一喜一憂してきたといえ，また支援団体や行政の力学のなかで，精神医学の特定領域の問題かあるいは若者の将来像に関わる現代的社会問題かの論争も絶えなかった。

5.2　錯綜する実態調査とひきこもり問題・支援の定着

最後にまとめよう。ひきこもりは，当初とりわけ不登校の実態調査において，学校不適応後もその状態が回復せず，家庭に「パラサイト」する子ども・若者の事例に引き付けて論じられた。いいかえれば，不登校後の進路・将来問題としてひきこもり現象が指摘され

ていった。

　だが，ひきこもりの本人に直接アクセスすることは難しく，深刻な事例が語られたとしても，常に不可視的な課題とされてきた。新聞やテレビあるいは出版などという多メディアを通じて，当事者の声が広く集積され拡散することによって，問題の特異性や困難性が伝えられ，問題の可視化が求められるようになった。このニーズに，専門家や支援者・団体，行政などが呼応し，実態調査によるひきこもり把握の必要性が出現したといえる。

　冒頭に取り上げた内閣府調査が大きなインパクトを持ったのは，すでに相互に語られていた臨床心理学，精神医学，社会福祉学，労働経済学などの各領域からのひきこもり問題理解を同じ土俵に乗せ実体化させるきっかけとなったからである。実態調査のすべてが有力な言説構築の手段になったとはいえないが，この実態調査は時宜を得て，問題の深刻さと支援の必要性を伝える貴重な資源となった。

　とはいえ，問題の言説はさまざまな立場性を帯びて錯綜していった。メディア，支援団体・親の会，行政主体それぞれが，問題を巡ってさまざまな実態調査に取り組むことにより，こうした情報がひきこもり問題の再定義を繰り返し促した。特に，厚生労働省と内閣府のそれぞれの実態調査におけるひきこもりの原因分析や推計は現在まで異なったままである。これらの錯綜した経緯は，意外にも，ひきこもり問題を多くの一般の人々に認知させただけでなく，支援の定着化も促したことは銘記しておきたい。

　例えば，2010年，子ども・若者育成支援施策に関する基本方針を記した大綱「子ども・若者ビジョン」が内閣府により定められ，「ひきこもり」の扱いが，「ニート・ひきこもり・不登校の子ども・若者」という項目で「困難を有する子ども・若者やその家族を支援する」項目の「困難な状況ごとの取組」の第一番目の項として，もっとも重要な位置にあげられた。「ひきこもり」概念の変化や再

定義にとって，ここで論じた実態調査の多くが重要な役割を果たしたといえよう。

　これまでになかった社会問題の範疇に「ひきこもり」を位置づけ，支援を展開していく大きな一歩は，数々の政策科学的で問題対処的な実態調査から始まったといってもよいのである。

注
1)　内閣府「若者の意識に関する調査（ひきこもりに関する実態調査）」，http://www8.cao.go.jp/youth/kenkyu/hikikomori/pdf_index.html
2)　青少年健康センター，http://skc-net.or.jp/
3)　青少年自立援助センター，http://www.npo-ysc.jp/
4)　育て上げネット，https://www.sodateage.net/
5)　KHJ 全国引きこもり家族会連合会，http://www.khj-h.com/
6)　厚生労働省「10 代・20 代を中心とした『ひきこもり』をめぐる地域精神保健活動のガイドライン」付録「『社会的ひきこもり』に関する相談・援助状況実態調査報告」，http://www.mhlw.go.jp/topics/2003/07/tp0728-1f.html
7)　齊藤万比古（主任研究者）「思春期のひきこもりをもたらす精神科疾患の実態把握と精神医学的治療・援助システムの構築に関する研究」，http://www.ncgmkohnodai.go.jp/subject/100/h21-jidouseisin.pdf
8)　東京都青少年・治安対策本部「ひきこもりに関する実態調査」，http://www.seisyounen-chian.metro.tokyo.jp/seisyounen/jiritsu-shien/jyakunensya/pdf/

参照文献
荒川龍, 2009,『レンタルお姉さん』幻冬舎.
Best, J., 2001, *Damned Lies and Statistics : Untangling Numbers from the Media, and Activists*, The Regents of the University of California.（＝ 2002, 林大訳『統計はこうしてウソをつく――だまされないための統計学入門』白揚社.）

―――, 2008, *Social Problems*, W. W. Norton & Company.

池上正樹, 2014,『大人のひきこもり――本当は「外に出る理由」を探している人たち』講談社現代新書.

稲村博, 1983,『思春期挫折症候群――現代の国民病』新曜社.

―――, 1993,『不登校・ひきこもりQ＆A』誠信書房.

石川良子, 2006,「ある家族の不登校をめぐる物語――不登校児の親の会のモデル・ストーリーとその抑圧性」桜井厚編『戦後世相の経験史』せりか書房, 220-239.

川上憲人・三宅由子・立森久照・竹島正, 2003,『地域疫学調査による「ひきこもり」の実態調査．平成14年度厚生労働科学研究費補助金（厚生労働科学特別研究事業）「心の健康問題と対策基盤の実態に関する研究（主任研究者：川上憲人）」総括・分担研究報告書』国立精神・神経医療研究センター精神保健研究所精神保健計画研究部.

川上憲人・三宅由子・立森久照・竹島正, 2004,『地域疫学調査による「ひきこもり」の実態調査．平成15年度厚生労働科学研究費補助金（こころの健康科学研究事業）「こころの健康に関する疫学調査の実施方法に関する研究（主任研究者：吉川武彦）」総括・分担研究報告書』国立精神・神経医療研究センター精神保健研究所精神保健計画研究部.

川上憲人・立森久照・長沼洋一・小山智典・小山明日香, 2007,『こころの健康に関する地域疫学調査の成果の活用に関する研究．平成18年度厚生労働科学研究費補助金こころの健康科学研究事業「こころの健康についての疫学調査に関する研究（主任研究者：川上憲人）」総合研究報告書』国立精神・神経医療研究センター精神保健研究所精神保健計画研究部.

小杉礼子・堀有喜衣, 2003,『学校から職業への移行を支援する諸機関へのヒアリング調査結果――日本におけるNEET問題の所在と対応』（ディスカッションペーパー・シリーズ）労働政策研究・研修機構.

工藤宏司・川北稔, 2008,「『ひきこもり』と統計――問題の定義と数値をめぐる論争」荻野達史・川北稔・工藤宏司・高山龍太郎編『「ひきこもり」への社会学的アプローチ――メディア・当事者・支援活動』ミネルヴァ書房, 77-81.

工藤定次／スタジオ・ポット, 1997,『おーいひきこもり　そろそろ外へ出てみようぜ――タメ塾の本』ポット出版.

工藤定次・斎藤環・永冨奈津恵, 2001,『激論！　ひきこもり』ポット出版.

倉本英彦, 2002,『社会的ひきこもりへの援助――概念・実態・対応についての実証的研究』ほんの森出版.

森田洋司編, 2003,『不登校―その後――不登校経験者が語る心理と行動の軌跡』教育開発研究所.

プラットフォームプロジェクト編, 2003,『全国ひきこもり・不登校援助団体レポート［宿泊型施設編］』ポット出版.

斎藤環, 1998,『社会的ひきこもり――終わらない思春期』PHP新書.

――――, 2001,『若者のすべて――ひきこもり系VSじぶん探し系』PHPエディターズ・グループ.

斎藤環監修／NHK「ひきこもりサポートキャンペーン」プロジェクト, 2004,『hikikomori@nhk ひきこもり』NHK出版.

塩島かおり, 2011,「若者の意識に関する調査（ひきこもりに関する実態調査）の概要」『刑政』122 (4)：66-77.

塩倉裕, 1999,『引きこもる若者たち』ビレッジセンター出版局.

Spector, M. B. and J. I. Kitsuse, 1977, *Constructing Social Problems*, Menlo Park, CA: Cummings Publishing Company.（＝1990, 村上直之・中河伸俊・鮎川潤・森俊太訳『社会問題の構築――ラベリング理論をこえて』マルジュ社.）

高山龍太郎, 2008,「不登校から『ひきこもり』へ」荻野達史・川北稔・工藤宏司・高山龍太郎編『「ひきこもり」への社会学的アプローチ――メディア・当事者・支援活動』ミネルヴァ書房.

滝本竜彦, 2002,『N・H・Kにようこそ！』角川書店.

玉野和志, 2008,「東京都との連携研究について――ひきこもり, フリーター, ニートを中心とした青少年に関する社会学的な研究」『人文学報 社会学』43: 1-21.

田中千穂子, 1996,『ひきこもり――「対話する関係」をとり戻すために』サイエンス社.

富田富士也, 1992,『引きこもりからの旅立ち――登校・就職拒否から「人間拒否」する子どもたちとの心の記録』ハート出版.

柳田邦男, 1995,『犠牲（サクリファイス）――わが息子・脳死の11日』文藝春秋.

第3章 「ひきこもり」問題と親たちの語り
——問題認知と過失・支援の狭間で

古賀正義

1 ひきこもりの曖昧な性質と親調査の必要

> 自分のことが嫌いになっていく僕は，それからは，髪の毛もボサボサ。……普通の人間とみられるよりも，変な人間と思われる方が楽だと感じていました。そして，この生活が日常化されるようになっていき，冬の苦手な僕は家にいる時間も（どんどん）長くなっていきました。
> （金馬 2010: 36）

　この文章は，20代後半に始まったひきこもりのスタートを，当事者である若者が書き記したものである。彼は，ひきこもる自分の様子を「変な生活の日常化」と表現している。家にいる時間がひどく長くなり，普通の人間の身だしなみでなくなって，それが楽に感じられてしまう。さらには，自分が嫌いになり，日増しに否定的になっていく。こうした閉じた家庭での日常生活，社会から隔絶した内閉的な暮らし方を，家族とりわけ親たちは年を重ねてしだいに「ひきこもり」と呼ばざるをえなくなっていく。

　近年みられるひきこもり経験者自身の手記やSNSの書き込みなどには，長期にわたる言葉にならない不安定な生きづらさが先のような語り方で表現されている。だがここには，ひきこもることがこの時点で本人にとってどれほど「困った出来事」であるかは定かでなく，ましてや家族を含めた当事者にとっての「切迫した問題」と呼んでいいのかどうかも定かではない。ひきこもりが「曖昧な現象」

（荻野ほか編 2008）として当事者たちを日々悩ましていくのは，親が本人を来院させるのさえ大変な苦労であるといわれるように，「問題ならざる問題」の出来事に翻弄され続ける長い家庭内のプロセスがあるからに相違ない。

　前章で論じたように，公的調査によって示されたひきこもりは，社会参加不能な若者の膨大な存在への驚きを世論に与えた。それは，見えにくく時に親にすら認知しがたいひきこもり問題の可視化であった。どれほどあるかないか不明な出来事が，そうでありながらリアルな問題事象として人々の認識に定着していくために「クレーム」（声をあげる機会）が必要とされた（Best 2008）。

　しかしながら，ではいったいだれがひきこもり問題，その困難さの内実を伝えうるのだろうか。もちろん，精神医学者など専門家の指摘が情報の媒介者として重要であることはいうまでもない。メディア報道も当事者の知見を含んで影響が大きい。だが，改めてひきこもりの手記などを読んでみると，初発の問題発見者すなわち困難を訴える当事者は本人である以上にむしろ家族とりわけ親たちであるということができよう。

　2008年東京都調査では，従来KHJなど個別な親の会の調査に依存してきた，親たちへのアンケート調査（主に支援団体等から調査票を配布し185票を回収）や，20家庭に及ぶインタビュー調査（主に支援機関等に協力者を依頼）を実施し，ひきこもりの親たちの問題理解に実証的に接近することを試みた。

　厚生労働省による相談機関向け「ひきこもり」対応ガイドライン（厚生労働省 2003）に示された家族支援イメージを下敷きに，ひきこもり問題の解決困難を感じ相談に向かう家族のあり様と，支援を受けて自らも問題解決行動に向かう家族のあり様を，親たちの語りのなかから具体的に描き出そうと筆者は考えた。そこには，問題の発見者・構成者でありながらかつ問題の理解者・支援者でもある，ア

ンビバレントな親たちの立場性の特徴が浮かび上がる。

2　ひきこもり問題の発現・責任と家族成員

　ごく一般的にいえば「ひきこもり」とは，家族を除いて，友人や隣人などとの対人関係がうまくいかず，就学も就労もせず，自らの意思で家に閉じこもっている状態が長期間継続する若者といった理解となる。隠遁や厭世といった脱社会的暮らし方と違い，他者とかかわりたいがそう思えば思うほどうまくかかわれないと自己嫌悪する若者であるといわれる (塩倉 1999)。

　しかしながら，1960年代に「ひきこもり」という言葉が誕生した時 (工藤ほか 2001)，社会や人とのかかわりから「引く」若者が家に「籠る」ことから名づけられたとされるように，家族が本人のひきこもり状態を認知して医療機関など外部社会に訴えることがない限り，世間の目に触れて問題視されることはない。2000年以後も，概して家庭内でネット世界などに没入する内閉的な行動様式が注目され，若者個々人の子ども時代からの成育史，とりわけ家庭環境や親の養育態度の影響が，原因としてクローズアップされてきた。

　特に「ひきこもりの出現」はいつのどのような出来事に見出せるのかが問われた。実際には多くが大学卒業時や就職時に出現していながら，小中学校時代からの不登校とひきこもりとの連続性が繰り返し指摘された (今回の親調査でも3分の2程度が，不登校はなかったと回答)。成育過程での教育の失敗にひきこもりの入り口を読み取る解釈，すなわち親の教育的関与と若者の自立的成長との関連に強い関心が寄せられてしまう。

　もちろん親個々人の理解によって問題発現のきっかけは任意といえる。インタビュー調査でも，遺伝的な生まれつきに戻って解釈する親もいれば，直接ひきこもりにつながらない出来事 (例えば不慮の

交通事故)を取り上げる親もいる。問題出現のストーリーはさまざまでありながら，親の教育の成否との関連性は疑われない。

　もちろん，ひきこもり本人が親の育て方を批判する事例，あるいは母親と父親とが相互に教育の責任を擦りつけあう事態も少なくない。さらには，きょうだいが連鎖的にひきこもってしまうということも起こる。「出口」(ゴールは就労なのか対人関係回復なのか不明)が見えないまま，家庭内で出現の認識や責任をめぐる亀裂を抱えながらひきこもり問題は長期化する(池上 2010)。

　精神科医も指摘するように，ひきこもり問題は，他の若者問題と異なり，親あるいは家族のあり方への注目が集まりやすい特異な性質と理解の歴史的経緯をかかえてきたといえる。NPOの支援者田中俊英はこの状態を批判的に捉えている。「僕たちは油断すると，家族をとても重いものとして捉えてしまう。(中略)しかし，ひきこもり支援のなかで家族のみを焦点化してしまうのは，支援の速度を遅れさせてしまう」(田中 2008: 3)。

3　状態像としてのひきこもりと親の立場性

　「油断すると」と述べられるように，ひきこもりが問題化するやいなや，親あるいは家族に何らかの原因をみつけ，援助の担い手として組み込む力学が働いてしまう。子育て過程における過失的要素すなわち振り返ると見過ごしてしまったトラブルと，育てなおしの援助的要素すなわちいまここでやらねばならない対処とが，親あるいは家族に二重に襲いかかるという，この問題ならではの特殊性がある。

　精神科医斎藤環はこの点を踏まえて「社会的ひきこもり」という概念を提起し再定義を試みた(斎藤 1998)。それはまずもって，家庭以外の社会への不参加という社会的課題の困難であり，主因や経緯

が不明な若者の自立不能な過程的状態とみるべきだという主張である。障害者などの回復困難な不適応イメージと異なり、絶えず快方や退行といった変化を起こしつつ生じる現れ、すなわち「状態像」としての定義が強調される。この再定義は、しだいに公的機関にも定着し、固定的なひきこもり像を改変して、ひきこもり現象を振幅のある変動する多様な原因の長期的な現れとみなさせた。

　「状態像」の定義は、親や家族がひきこもりを本人の問題と見立てていく実際の過程とも酷似していたといえる。家に閉じこもりコミュニケーションを拒む本人を「困ったもの」と思いつつも、ひきこもりの当人と認知するには繰り返し躊躇が生じ、日々の振る舞いが社会参加や自立という回復に向かっている前進なのか、あるいは悪化の兆候を含む退行なのかを見定めかねる。この一進一退の経過も含めて、本人あるいは親や家族の日常生活における外部社会との関係性が変容するプロセスの総体としてひきこもり問題はある（荻野ほか編 2008）。

　そのため、ひきこもりの出現は家族とりわけ親と外部社会との接点を緊張に満ちたものに変え、さらには家族全体の閉じこもりを生みだすという悪循環も起こる。時として、わが子の就労に切迫しない豊かな家庭の贅沢さや甘やかしに責任があるといった人々の理解さえ聞こえてくる。

　長期化すればするほど、本人のひきこもる生活を抱えたまま、家族自体がそれに合わせた変則的な生活スタイルに変えていくこと（例えば、深夜の食事を当然視する）、あるいはひきこもり事実を知らせぬまま外部との接点を作りだそうと試みること（例えば、本人は家に置いて親が旅行する）などもせざるをえなくなる。いずれにせよ、ひきこもり問題は親や家族と外部社会との関係までも変貌させていく。

4 アンケート調査が教えるひきこもり家族の階層性

では，東京都調査（東京都青少年・治安対策本部 2008）はこうした問題の出現や責任と親たちとの抜き差しならない関係についてどのような知見を与えてくれたのだろうか。この調査は，家族の社会的背景（収入や職業など）と本人の生活実態，支援活動への参加状況などを把握するものであり，これまでにない社会学的関心による作問となっていた。この結果は，教育の担い手としての成否に揺れる親たちの姿を映し出している（ちなみに，ここでの「ひきこもり」の操作的定義は，「たまにコンビニや趣味で外に行くことはできるが，それ以外はほとんど外出しない状態が続く青年であり，基本的に45歳以下」となっていた）。

まず，親からみたひきこもり本人の特徴をみる。当然ながら「自分の生活のことで人から干渉されたくない」という閉じた日常を示す項目が最も高い割合となっていた。行動上の特性としては，「集団に溶け込めない」，「昼夜逆転の生活」，「人に会うのを怖がる」が上位3つの回答であった。いわゆる社会性の不足や対人不安の傾向が回答されやすい。

ひきこもりのきっかけについての認識はどうか。「人間関係（主に家族と友人）の不信」がほぼ半数，次いで「不登校」，「大学への不適応」となっている。「高校や大学の受験の失敗」も高い。だが予想されるほど高率では，不登校が直接の契機としてあげられなかった。

ひきこもり状態になってから本人がした経験はどうか。「家事や家業の手伝い」が半数と最も多く，次いで「就労（アルバイトを含む）」，「就学（専門学校，通信制を含む）」となっている。再び就学や就労と公的な場への参加に向かっているケースが多い。

最後に，家庭の階層性をみると，年収600万円以上の家庭がほぼ半数を占めるものの，年金生活など400万円未満の家族も多い。現職が専門・管理的仕事である人が半数にのぼるが，ほかの約半数が

事務・販売・労務・保安などに従事している。比較的高い階層が多いといえるが，両極化している。

これに関連して，親からの幼少期の子どもへの教育的働きかけをみると，「スポーツクラブなどのトレーニング」に通わせた経験がある家庭が半数強。次いで，「絵画や音楽の才能を伸ばす教育」，「私立学校（幼・小・中）の受験」と続いていく。親の世代（65年〜90年生まれ）をみると，東京とはいえ，塾通いや私立受験が思いのほか多く，教育熱心な傾向がうかがえる。

調査対象者が，支援団体の親の会に参加する者が多く，全体的にやや階層性が高い傾向がみえるものの，この結果だけみれば，数多くの比較的経済力のある教育熱心だった親たちがひきこもり問題に直面している姿が読み取れる。

5　インタビュー調査にみるひきこもり問題の内実

では，個別なインタビュー事例の積み重ねから，どのような問題認識の特徴を読み取れるのであろうか。問題の構成者として，親たちが本人をひきこもりとして問題視するようになる契機や背景は具体的にどうであるのか。また，抱えた問題の支援者としてどのような対処を試みたのか。

協力可能とした20家族の親たち（父親7名，母親12名であり，1名は公表不可）に対して，約1時間半のインタビューを個人情報が保護できる相談室等で実施した（古賀 2012）。現在の生活状況とそれを生みだした成育歴の特徴理解，および問題を認知してからの支援の選択などについて尋ねた。

まず表1にあるように，ひきこもり本人の年齢についていえば，21歳から45歳までと幅広く，30代が最も多かった。長男が14名で最も多く，男性がほとんどだが，長女が1名だけいた。ひきこも

り平均年数は10年近くなるものがほとんどだった。父親の職業は，専門管理職（含む同退職者）が最も多く，公務員・医師，営業職・工員，あるいは死別・離別となっていた。母親は，常勤職（含む同退職者）は数名，パート・嘱託，専業主婦が多かった。約4分の3の方が支援団体の親の会で要請され，インタビューに参加したと回答している。個人情報の保護に配慮しつつ，表2にあるように，回答の概要も整理しておいた。

表1　対象者の属性と本人の現状

No.	続柄	年齢	職業 （前職）	本人	年齢	配偶者	年齢	ひきこもりの現状
1	父	80代	公務員	長男	40代	主婦	70代	食事は別々だが，ご飯を炊いてくれたり，食器を洗ってくれたりする。
2	父	60代	管理職・現在顧問	長男	30代後半	主婦	60代	コンビニ，ビデオレンタル，図書館などを除いて，外出せず。昼夜逆転の生活。
3	父	60代	大手企業の管理部門	次男	30代後半	主婦	60代	プライドが高く，家事程度は手伝う。1週間に2回程度病院へ行く。几帳面。無駄がないよう，計画して行動。
4	父	60代	嘱託・営業 （管理職）	長男	30代後半	主婦	60代	淡々とした暮らし。一時期は昼夜逆転だったが，今は早寝早起きの規則正しい生活。買い物も。自分で買ってきたものを自分の部屋で食べる。
5	父	60代	年金・元営業管理職	長女	30代前半	主婦	50代	精神的な不安定さは続いているが，それでも何とかやっている。たまに「成長したか？」と聞いてくるので，そういうときには「成長したよ」と答える。
6	父	50代	業務機器の営業	長男	20代前半	パート	50代	親を罵倒したりすることはない。自分の部屋で過ごしているが，居間にパソコンがあるため，閉じこもりきりにはならず，ネットショッピングで買い物もしている。

第3章 「ひきこもり」問題と親たちの語り

7	父	60代	管理職・大手メーカー	長男	20代前半	主婦	50代	部屋に鍵をかけて入れない。家族とは話す。旅行も同行。食事は一緒。親の心配を話すと、逃げて部屋へ。昼夜逆転。
8	母	70代	元教員	長男	40代	元・公務員（管理部門）	70代	家では穏やかに過ごしており、会話もそれなりにある。家事も分担。先のことについて話が及ぶと、自分はどうでもいいと話す。
9	母	60代	看護師	長男	30代後半	元接客業・年金生活	70代	自分で出かける。週4、5日。近所のコンビニ。食事のときは、家族と一緒。電話もでる。
10	母	60代	常勤のデザイナー等	長男	30代前半	死別	―	対人関係を断ち切っている。気力なく、生活に関心がない。
11	母	60代	専業主婦	長男	30代前半	事務職員	50代	規則正しく几帳面な家庭生活。決まった時間にやることを決めている。家からはほとんど出ない。コンビニ程度。
12	母	60代	アルバイト勤務	次男	30代前半	自営業	60代	自分の趣味では家からでる。学力に合わない大学受験にトライ。プライドが高く、人と接しない。家事はする。
13	母	50代	アルバイト勤務	長男	20代後半	常勤・工場退職	50代	まじめでおとなしい性格。なにもせず、家にいるだけ。昼夜逆転。当たり障りのない会話。
14	母	50代	学校講師	長男	20代後半	管理職	50代	長男が引きこもって気づいたことは、私たちが「傲慢だった」ということ。現在、学校を休学。
15	母	50代	専業主婦	長男	20代後半	専門職	50代	X大学から再度受験。他大学入学。しばらくは通っていたが、やがて引きこもりがちの生活を送るようになる。そもそも暴力的で優しくなかった。
16	母	40代	パート販売員	長男	20代後半	不明	40代	食事は一緒にとっていない。家族でさまざまな問題を抱える。夫の暴力性、長女の音信不通、二男の病気など。

83

17	母	50代	パート勤務	長男	20代前半	商社・常勤	50代	現在は立ち直りはじめ,外出もできるようになった。ソーシャルワーカーとの出会いや先生の支援が大きかった。
18	母	40代	主婦	次男	20代前半	専門職	50代	休日は在宅。犬の散歩の手伝い程度。食事の時間は居間に出てくる。家族以外と話せない。
19	母	50代	パート勤務	次男	20代前半	メーカー部長	50代	部屋に閉じこもり外出しない。食事を置いておく。トイレに行く時の顔合わせ程度。

表2 ひきこもりの出現・経緯と支援機関の利用 (一部対象者のみ抜粋)

No.	続柄	開始時期と主な経緯	支援機関の利用状況
3	父	大学を選びすぎて,合格できず,3浪。4年次・卒業前から不潔恐怖症に。会社の産業医からのすすめで,精神科を訪問。投薬を始めた。イライラは治まるがやる気が出てこない。	10年前から親の会に参加。精神科医は病気の見立てが中心。5分間の診療と投薬。認知行動療法なども有効かと試す。医療費もかかる。カウンセリングは,家族療法なども。親が変わればというが,ひきこもりを隠したい気分もある。経済負担大。
4	父	中3夏から引きこもりがち。勉強についていけなくなって学校を休む。たまに行っても友達の輪に入れなかった。担任の強引な働きかけも傷を残した。高校進学したが,1カ月もしないうちに通えなくなり,高校1年生で退学。20歳まではかなり荒れていた。知人のつてで就職するも,退職。	家族会で話を聞きつけて1年ほど前からある会に参加。カウンセリングも受けている。その前にクリニックに行っていたが,全く実際の家庭の現場を知らないので話ができなかった。親同士のかかわりは家族会がメイン。親の会はたまに行く程度。両方行っている人は珍しい。
12	母	17歳の頃,高校でいじめにあい,反抗した。精神保健福祉センターに3年間通院。その後,カウンセリング,大学付属病院などを渡り歩く。自営業の手伝いもしたが続かず。父親は見て見ぬふり。今やっと部屋に入れる関係までできた。	カウンセラーや大学付属病院などを渡り歩く。高額のカウンセリング受診には限界。親の会にやっとたどり着いて,10年ほど。趣味はやれるが,本人が支援とわかると拒否。知られない形でNPOとコンタクト。

84

13	母	高校卒業後，ひきこもる。情報関係の大学を希望するが，失敗。高校時代はまじめで，おとなしく学校はほぼ皆勤。数年前の家の購入時が転機。引っ越しを嫌がり，団地に居残り。会話がなくなった。どうするのと聞くと，「うるさいな」という返答。	病院への通院を一切拒否。言わない方がいいと思って，「あたりさわりない」会話。都の支援ネット・コンパスを新聞で知り，職業訓練校や就業支援なども試し始めた。家庭訪問型の支援に期待している。
15	母	中学生の頃から父親との折り合いが悪く，暴力もあった。高校3年のときに親を殴るということが起きた。高卒後は大学浪人することになったが，ひとりで浪人生活させるのはかわいそうなので，全寮制の予備校に。しかし，数カ月で戻ってきてしまう。	父親と子ども2人と食事をしているときに長男が入ってきて，再び親が殴られた。あるスクールに連れ出しを依頼。何日も経たないうちに戻ってきてしまった。もう暴力は振るわないことを約束させて，アパートに住まわせる。
16	母	中学高校は皆勤。成績よく，指定校推薦で大学に。同級生に殴られて大けがをしてしまった経験がある。大学生の頃から学校に通わなくなり，気がついたらひきこもっていたという感じ。「小学校の勉強もできないのに，大学なんて通えるわけがない」と言っていたことがある。	市の家族教室に通っている。親が家を追い出されたとき，市役所に相談に行き，そのつながりで紹介された。クリニックに行ったこともある。お金が続かないので何回も行かないうちにやめてしまった。当事者グループのチラシを渡しているが，本人に行く気はない。
17	母	小中学校から無口。父親は転勤族。難関校に合格後，ゲームばかりして勉強せず，成績低下。いじめも経験。高校3年生の連休明けから不登校へ。高校の担任が精神科医を紹介。	保健室の養護教諭から，教育相談センターに紹介。臨床心理士による面談で，むしろ悪化。家庭内暴力の傾向に向かう。保健所に相談して，精神科医の診断を受ける。ゲーム依存か。父親が「君はなまけている」と発言。それをきっかけに，19歳から転院を繰り返す。その後，ソーシャルワーカーの助言が功を奏する。

6 ひきこもり状態と問題の認知，成育史との関連

6.1 実際のひきこもり状態

そもそもひきこもりと認知された当人の生活状態はどのように親たちから語られるのだろうか。もちろん母親と父親では本人との生

活の密着度が異なるが，ひきこもりの状態像への理解がなければ問題認知はできず，実際生活の歪みと問題定義との関連づけのきっかけはさまざまに語られる。まず対象者の語りの相互比較を試みつつ，特徴をみてみよう。

　ひきこもりとされる本人の状態像は初めに想定したものと異なっていた。非常に閉鎖的な対人関係を調査時点で保持している人はごく少数であった。例えば，「部屋に鍵をかけて家族を絶対に中に入れない」，「乱暴な振る舞いや言動の傾向がある」など自室に閉じこもり家族であろうと立ち入らせない粗暴な傾向である。しかしながら多くの親たちは，ひきこもりの当初こそ家の壁を叩き壊すことや怒鳴り声をあげることなどの暴力的な行為があったものの，ひきこもりの深化のパターンともみえるが，その後ほとんど混乱は収まっていると異口同音に語っていた。

　夜に活動する昼夜逆転の生活や近所の人の自分への視線を極度に避ける態度などの異質な生活行動は依然あるものの，概して「家事の手伝いはするし，食事時には必ず居間に出てくる」，「近所へ買い物に行って手伝ってくれる」，「コンビニだけは自分から出かけている」，「趣味の柔道クラブには，都心まで出かけている」など行き慣れた場や家庭内の暮らしには順応している傾向が強いとされた。また，「几帳面な家庭生活を営んでいる」，「計画をきちんと立ててからでないと外出しない」など生真面目な，他方で融通の利かない生活のスタイルもたびたび指摘されていた。

　いいかえれば，自室前で筆談しかしないとかパソコンばかりして部屋に入れないといった雑誌等で喧伝される家庭内の葛藤事例をみつけることはむしろ少なく，良かれ悪しかれ，本人のひきこもる暮らしの生活スタイルに親あるいは家族ともども慣れていった様子がうかがえた。これを「ひきこもる家庭生活の常態化」と呼んでおこう。

6.2 問題認知のきっかけと成育史

では,問題が発現した契機はいつどこにあると考えられ,それは本人の成育史とどのように関連していると語られるだろうか。

階層性の高さもあるためか,概して成育歴の特徴として,学校での成績が良く,受験体制を成功して通り抜けられた者の事例が多かった。「中学受験をして,中高一貫校に入学した」,「転勤族でありながら,偏差値の高い都立高校に入学できた」,「高校はレベルが低かったが,指定校推薦で有名私立大学に入学した」などである。教育熱心な親たちの期待に応えているともみえる。その反面,「小学生の頃から多動で,学習が困難だといわれたことがある」,「定時制に1日在籍しただけで,学校にほとんど行けなかった」などの発達障害や中退の事例などがあげられる場合もあった。

他方で,対人関係とりわけ仲間関係については,友人はいることはいるが仲良くいかなかったとか,自然なかかわりそのものが苦手であると語られる事例がきわめて多かった。「高校時代は,試験の時が一番楽しいといっていた。級友と話す必要がないから」,「まじめ一方の性格で,まったく友達がいない」,「昔から内にこもる方。あまりはっきりと話さないが,高校くらいから友達がほとんどいなかったようだ」,「父親とすごく似ていて,非常に(誰に対しても)無口で,きまじめである」,「大学で教育系のボランティアサークルに入り友人もいたようだが,理科系の学部内には友人がいなかった」などの事例が語られた。同世代とのコミュニケーションへの違和感は強い。

「父親もコミュニケーションが苦手な人なので,(子どもは)ボーイスカウトにいれてトレーニングしようとした」と前もってフォローする親もいた。他方で「(身体的な)障害を抱えながらも,仲間作りに努力してきた。大学でも友人にノートテークをしてもらった」,「(たびたび)転勤していく学校,学校で,友達もできた」など,

友人づくりにハンデがありながらもうまく対応している事例もあった。

しかし，友人関係については「正確に把握できないところもある」と多くの親が前置きをしながら語っていた。もちろん中学校以降の交遊関係ともなれば，親が把握していなかったとて特別に無理解というわけではない。もちろん注意が必要なように，親たちの語りは本人の語りとは必ずしも一致しまい。その前提によりながらも，親からは概して成績がよくまじめで完璧主義的でありながら友人関係が苦手という逸話が語られやすかった。近年指摘されるナイーブで場のノリを重んじる若者像にあてはまらない，「まじめで内閉的なひきこもる若者の姿」がうかがえる。

6.3 ひきこもりの発現と問題性との関連

ひきこもりに至る経緯や発現時期，内容は本当にケースバイケースであった。すでに指摘したように，高校卒業以前にひきこもりとなったとする事例は5例と意外に少なく，卒業時あるいは大学在学時が7例，大学卒業後あるいは就職・進学時が7例となっていた。

概してひきこもるきっかけとなった学校での教育的な挫折体験が物語られるケースが多かった。まず，「中学1年の2学期から不登校，高校には進学しなかった」，「小学校3年生から不登校になり，病院では軽度発達障害と診断された」，「難関といわれる名門高校に合格したが，内向的で3年生の時から不登校になってしまった」など，不登校経験との連続的な関係性を指摘する事例がみとめられた。また他の事例では，時に欠席が続くが出席もする不連続的な不登校傾向であったという語り――「小学校時代から休みがち。でも，断続的に出られる時もとても多かった」――もあった。

さらに，「小学校の時にいじめられて，中学校で不登校になった」，「高校2年生でいじめにあい，"傷害事件"に巻き込まれてからひき

こもりになった」,「比較的最近になってから初めて,いじめられていたことを告白された」,「高校生の時に,(友達に追われ)図書館へ逃げ込んだと聞いて,いじめを心配した」など,広義ないじめ体験をきっかけとする事例も少なからずあった。高校卒業以降に起こるひきこもりでも,中学校までのいじめの間接的な影響やトラウマを懸念する発言はかなりあった。

　他方で,大学受験がうまくいかなかった,あるいは大学生活になじめなかったという場合も多い。「大学を選びすぎて,3浪を経験してしまった」,「医師の一族なので,臨床技師の課程がある大学に入学したが,転学して法学部へいった。その後休学した」,「自分に合わない大学の学部を選択してしまい,大学のゼミのプレゼンテーションでパニック状態を経験した」などがあがる。不本意入学や受験の失敗をあげる事例は多かった。

　さらに,大学卒業時の就職や資格試験などで挫折したというケースもある。「私立中堅大学から公務員試験を受験するも,失敗の連続だった」,「税理士試験に挑戦するが,合格しなかった」などである。

　その他,きっかけと感じられる個別な印象深い出来事もあがる。例えば「高校在学中に交通事故にあった」,「家庭内の(夫婦間)暴力が深刻化してしまった」,「軽度発達障害を学校の先生からいきなり指摘された」,「職場で嫌な上司に振り回された」などの衝撃的な事例もあがっていた。

　親たちは皆,子どものひきこもり状態は時間を追って強くなっていったが,同時に,外出できたとか,バイトをできたなど外部社会に出て回復していると感じる時も多々あったと指摘する。例えば,「本当に重症なら対処のしようもあるのに,(ひきこもりが)軽症だからかえって困るのです」,「いろいろ(親なりに)やってみるけれど,メスのいれどころがわからない」などの発言はその典型である。往々にして時々のひきこもり状態の振り幅の大きさや改善への

兆候が見えた印象的な出来事を語る場合が多かった。

すでに述べてきたように,「一進一退のひきこもりプロセスの存在」こそ,トラブル状態から問題認知への移行の特徴である。

7 ひきこもり問題に対する支援の選択と期待

だがこの一方で,親たちは本人の問題の意味や性格を見定めようと原因の推論を絶えず繰り返しており,「問題化の構成者」として,きっかけとなった挫折や失敗の体験との因果関係を語っていた。このことは,病気なのか不適応なのかといったひきこもりの曖昧な現象の特質,家族以外の他者にはいいにくい伝えがたいひきこもりのトラブルを考える上で重要なポイントを示していた。

では,問題を確信した時,曖昧な現象を問題へと認知した時から,親たちはどのような対応をしていたのだろうか。

「ひきこもりではないか」という疑いが強くなると,親たちは,教師や知人などから聞いた病院を来院したり,カウンセリングを受診したり,関連する支援団体の会に出席したりなど,まさに飛び込み的に諸機関を訪問するケースが目立った。保健所やソーシャルワークの福祉部署,相談センターなどの窓口や,問題理解のための市民講座なども利用されることがあった。「心の病」としてのひきこもり理解が強いためか,心理相談機関が目につく。

他方で,不登校やいじめなどの学校生活不適応の延長として,大学の学生相談室や中高の保健室などを利用して,再適応を模索するケースも一般的な対応であった。すなわち,「学校復帰」を目指す回復への方法論を考える傾向も強かった。

しかしながら,こうした問題対処のファーストステップで必ずしも解決へのよい手ごたえをえられないこともたびたび語られた。そのため,人に紹介されたり親自身が口コミやネット情報を得たりし

て，利用できる支援機関を次々と探すことになっていく。それは，問題を解決しわが子を回復させるために，「藁にも縋る思いで転々とする」という表現がぴったりである。

　例えば，「精神科の医師を訪問してみたが，成果が感じられず，高名な別の医師に変えた。保険診療ではなく，高額な診療負担のため，再度『青春系』と呼ばれたポジティブな治療をうたう思春期専門の医師に行く。しかし，ここも効果なし。別な心理クリニックを訪問し，サプリメント療法を試みる。ひきこもりのOBがいる予備校なども訪問してみた。都の支援事業・コンパスを訪問して相談したり，公設の若者自立塾にも行ってきた」という語りは典型的な事例である。

　また，「精神科医によるカウンセリングの新聞記事を読んで共感し，訪問。しかし，息子は心理学を『安っぽい』と逆に批判してしまう。その後，森田療法や認知行動療法などさまざまな方法のカウンセリングルームへ行く。効果が見出せず，無理やり，訪問型の支援を受けて，子どもの話し相手になってもらう人を探す努力をしてみたりもした」，「社会支援センターを利用したり，フリースクールを運営する団体を次々に訪れたりして，悩みの共有を重要と感じるようになっていった」，「家庭内の暴力がひどく，あるヨットスクールに連れ出しを依頼したが，本人がすぐに戻ってきてしまった」など，なかなか回復への手ごたえをつかめない親たちの苦悩やいら立ちがうかがえ，同時に，自立支援ビジネスが問題化していくように，わが子の回復への手段を選ばない多様なトライに驚かされる。宗教的な団体や占い師などに頼る場合さえあった。

　いいかえれば，親によるそれぞれの当人の状態像理解によって，さまざまな支援の方法が支持されていくといえる。そのため，高年齢のひきこもりを抱える家庭でも，いつでも行ける居場所の確保や類似の問題を抱える仲間の集うフリースペースの設置，ひきこもり

家庭への訪問型相談（アウトリーチ）の充実，保護者も悩みを包み隠さず打ち明けられるミーティングの場の設定などの希望が多かった。

さらに，カウンセリング相談や精神科診療の充実，投薬治療の方法論など医学的知識の提供も必要とされていた。特に，「当事者が精神的な落ち着きを取り戻せるための施策」や「若年層ばかりではなく，高年齢層の活動拠点など場づくりを推進する施策」が急務とされる。

他方で，ひきこもりの長期化の結果として，資産の相続による生活基盤の継続的な確保や簡易な中間的就労の場の確保など，実践的な経済支援を求める声も強かった。概して，ひきこもりというラベリングによって社会的に排除されるのでなく，再び「社会」――そこに想定されるのはさまざまな共生を可能にする共同体（コミュニティ）や交友グループ――へと包摂されうる実践的な施策を欲する意見がたびたび語られていた。

8　問題への向き合い方のジレンマ

「ひきこもり」という問題の親たちにとっての難しさは，第1に，家庭内暴力のような問題性が噴出する事例は別として，本当にずっとひきこもっていくのかが見立てにくく，回復の兆しがあるのではないかと期待するうちに常態化すること。第2に，問題と認識してからは，たいてい明確に心の病気や障害があると診断されることはないまま，改善するもしないも本人次第という展望を与えられて，どう治していけばいいのか，なぜこうなってしまったのかと思い煩わされ続けることである。

当たり障りのない家庭内の日常会話を除けば，ひきこもる本人とのコミュニケーションの中心は，過去の子育て体験を振り返りつつ，これから社会に参加することの現実的な方法を巡るものとなりがち

であり，会話も途切れやすくなるという。しかも，初めて問題に出会う親たちとしては，メディア報道・ネット情報を含めて，口コミ的なひきこもり情報の寄せ集めから想定した断片的な会話を試みざるをえない。外部の人たちに素で問題を語るのは憚られもする（アンケート調査結果によれば，自宅から1時間以内の相談施設を使う親は，ごく少数であった）。

　こうしてひとつ目には，ひきこもり問題をどこまで外部の人に「開示」し相談すべきか，他方で周囲の地域社会を意識しつつ「秘匿」し待機していくべきかの苦悩が生じる。その過程で2つ目に，過去の自分の育て方にみられた意図したわけではない失敗すなわち「過失」と，今後の曖昧な方向性の中での育てなおしの具体的な可能性すなわち「援助」との二重性の板挟みに位置づけられざるをえなくなっていく。

　以下，2つの事例からこの点を紹介していこう（個人の情報保護のため，一部の内容は改編した）。

〈事例1：父親Yさん＝支援NPOの親の会以外で調査参加〉

　この事例は，支援のネットワークにほとんど参加せず，行政の主催する家族教室への参加にさえ支障をきたしている父親の語りである。父親は業務機器の営業に従事し，母親はパートで働く主婦である。ひきこもり本人は男性である。

　本人は高校の頃から友達はほとんどいなかった。大学で精神疾患としての過食症であることに気づくようになった。外見をとても気にしており，今でも出かけることはほとんどないのに，顔パックをしていることさえある。卒業はしたが，就職して研修期間中いきいきとしていたものが，配属先の上司からしごかれたらしく，しだいに沈んでいった。その後退職するも，数年にわたって動き出さない。

　日頃の家庭生活でも，親を罵倒し反抗するといったことは一切な

い。自分の部屋で終日過ごしているが，居間にパソコンがあるため，外部社会との関係が一切閉じこもりきりになることはなく，時にネットショッピングで買い物もしている姿をみる。

　支援機関そのものを利用したことはない。過食症のときも病院には行かなかった。この1年半ほど前から，市の家族教室に通っているが，これも母親が探してきたものだった。どちらか一方の親が行っていればいいと思って参加するようになった。他の所に行ったことはない。

　ここでの語りにも，ひきこもり問題を認めることへの過失感や外部の人に話せない気分と，他方での支援や情報の不足への不安感が同居する様子がうかがえる。問題を認めて踏み込めば，世間が後ろ指をさす問題を抱えた家族になってしまう。だが，このまま問題を引きずれば，一層ひきこもりの常態化した社会性のない子どもを抱える暮らしとなる。問題が現前して立ちどまる感覚，秘匿か開示かのジレンマが色濃く語られる。

　　　調査者：ご長男はお父様が（市が主催する）ひきこもりの家族教室に行っているということは知っているんですか。
　　Yさん：（首を振る）
　　　調査者：知らないんですか。
　　Yさん：前に（あった出来事ですが），そこ（家族教室）に行くと印刷したもの（ビラ）をくれるんですけどね。それに，本人が（教室に）来る時間も（書かれていて，自分で）見られて。（私が）食卓の上に置いたんですけど。（本人が）破って捨てちゃったんですね。まあ，「ひきこもり」っていうあれ（言葉）が（ひっかかって）。本人も（ひきこもりを）自覚（してはいるのでしょうが），「自覚」っていうのはおかしいかな。なんでしょうか。
　　　調査者：でも，破って捨てるっていうのはあまりいい感情は持っ

ていないと。お電話したときも、ひきこもりって、言葉をおっしゃるときに、ちょっと（お父様は）声のトーンを落とされたので。家の中でも気をつかっているんだなって、思ったんですけど。

Yさん：何となく（たとえ）聞こえなくても（気をつかって話しますが）、聞こえないということは、神経がいつも（その言葉に向いているということですから）。だから、外歩くときも（隠れて）道の端っこを歩きますよ。（中略）…（子どもも）私らの様子を何となく感じるものはあると思うんですよね。（家を）出る時間も、だいたい朝とか午前中とか。午後出る時には、（人目につかない）夕方みたいなことも。本屋さんなんかへ出ますからね。昨日も午後3時頃出かけたのかな。で、帰ってきたのが午後8時頃なんですけど。（いつ出入りしたか）全くわからないですよね。（中略）…わかれば少しこっち。何をしてきたのか、どういうことを考えているのかなとか、（聞けることは）あるんですけど。まあ、そういうことを、あまりこっちが変に、（気にして）探して、（本人の）跡をつけるということは絶対ないほうが（いい）。余計あれですよね、不信感（が生まれる）というか。

調査者：そうですね。ただ、でも、そこで（ひきこもりの）映画をね、ご両親が観て、ばれて、それで怒ったというようなことがあったっておっしゃってましたよね。そこで、こういうことやっているということを知られたくないっていうことは、どんな感じなんですかね。

Yさん：そうですね。（中略）まあ、もう、子どもじゃない。やっぱりね、私らがこうね。小学校の子どもとか、中学生とか、その下の幼児とかって（やれることがある）。そういうことではないという意識が（親たちに）あるのと。私の日常生活の接し方で、就職のことでもそうでしょうし、やっぱりこう何ていうんですか、人間関係（の話）が全然でき

ていないっていうのが。(ひきこもりを話題にしないことが)基本じゃないかと思うんですけど。

　このインタビューからは，問題受容の狭間で揺れ動く父親の様子が見受けられる。道路を歩く時さえ，ひきこもりの親ということが周りにわからないように気をつかうと語り，逡巡を繰り返すような語り方をしている。長男自身の考えや気持ちまですべてわからないことは前提であるが，仮に受け止めたとしても，親も深いスティグマを引き受けなければならない。「人間関係（の話）が全然できていない」と語る時，援助への強い思いと，反面，過失を回避したい思いが交錯してみえる。誰かに相談して嫌な思いをすることも避けたいが，いつも悩みが襲っている。どう引き受けたらいいのかと思案する語りになっている。

9　社会的自立への「過失／援助」という二重性

　限られたインタビューから早計な結論を出すことはできないが，親にとって，就学経験あるいは受験の後の就職経験，それにかかわる対人関係などに関する成功／失敗の理解，また，親自身あるいは家族全員の対応も，自立疎外の問題の過失／援助のあり方と密接に関連づけられて語られる。

　以下の語りは精神医学の治療的文脈とは別に，パラサイトシングルやモラトリアム肯定論などに象徴されるような，家族が抱え込んだ，外に向けては語れない，「子どもの教育・就職経験と社会的な自立達成との関係」という課題を先鋭に問いかけている。事例をみてみよう。

〈事例2：母親Xさん＝支援NPOの親の会で調査参加〉

　営業管理職の父（現在は嘱託）と母（主婦）をもつ30代の若者の事例である。彼は，私立の付属高校・有名私立大学とトントン拍子に進学した。高校での成績はよく，大学でも全く欠席がなく，試験準備もきちんとするので，ほぼ3年間ですべての単位を修得しきってしまった。学校の「成功者」とみえた。家と大学の往復で，友達と遊びに行くことが少なかったが，友達がいないわけでもなく，時に電話もかかってきた。交友関係に問題は感じられなかったと語られる。

　好成績ゆえに，4年次にはまったく大学に行かないで済んでしまう。卒業時に，肉体労働には向かないからデスクワーカーとして公務員になりたいと言って，試験を受験するが合格しなかった。ここから家で就職浪人の生活が始まる。

　毎日几帳面に決まった時間に起き，部屋もきれいにして生真面目に家事も手伝うなど，家の中で宅浪生活するパターンが継続する。そのうち，しだいにコンビニ以外まったく外出しなくなった。ブラインドを下ろし，近所の目を気にして宅急便の配達すら受け取らない日々へと進んでいく。

　その一方で，家族は「ちょっとおかしい」と思いながらも，毎年試験を受験しては不合格になるので，受験予備校などへの参加を勧めるが，本人に断られるだけだった。「受験の失敗」を克服できないまま，公務員試験を受け続け，ある年にはせっかく1次が受かっても2次の「面接」で落とされることがあった。「自信をなくしてしまった」と母親には思えた。

　本当に問題と実感したのは，数年の歳月がたってからであるという。ひきこもりの親対象の市の講演会に初めて行ってみた。話を聞いても，具体的に息子にどうすればいいのかわからなかった。父親は単身赴任で，母親に子の立て直しを求めつつ，息子と直接話はし

ない。「一卵性親子」といわれた父が転勤したことも原因ではないかという人もいたが、思い当たる節はなかった。

心療内科の受診を勧めたが、本人は「病気ではない」と強硬に主張した。強制入院という方法もあると人に聞いたが、やはり踏み切れなかった。親への甘えや怠けなのか、あるいは社会が怖いのかと困惑し続けてしまう。時には「人間が恐いのか」と心配にもなるが、よその人に会えば挨拶もできるし、そこまでではないようにも思う。もしかすると今は「楽な暮らし方」と思っているのかもしれないと疑う時もある。このように、子どもへの理解が時々に揺れる。

たしかに本人は活動的でない。高校の時、運動部を勧められたが、メガネをかけているので無理と断ったりした。子どもの頃からぜんそくがあったので、スポーツはうまくできない。しかも、大学になって発作らしきものが再度出たことを後から知らされた。だからといって、中高の友人から悪さをされるようなことは一切なかったし、一緒にスキーに行ったりして、とても楽しく過ごしていた。

時々家でゲームもするが、パソコンは壊れて充分に使用できないし、だから籠ってやっているわけでもない。社会に出るために、家で時間があるのだから「資格を取りなさい」と勧めても、特別な反応がない。「コンビニのアルバイトでいいから、1日でも2日でも勤めてみなさい」というが——こういうことを言っていいのかどうか本当は迷うけれど、あえて言ってみるが——、反応はない。その一方、せっかく知人が市の仕事を斡旋してくれた時も簡単に断ってしまった。

「どうにかしないといけない」と日々思いつつ、慣れてくるとひきこもりが「普通」に感じる。自分自身も趣味やパートに出かけて家にいない時間が長くなった。それで、支援団体に訪問型サポートを頼んで、家に支援員の若者に来てもらった。だが、急に「キャンセルしたい」と言い、「お母さんは信用できない」という。それで

いながら訪問2回目には1時間以上も話しこんでいたりする。本人に合う「いい方法」があれば他人と話せるようになるかもしれない。「甘やかしている」のかとも思うが,「苦しいのは本人自身」なのだとも思う。年齢制限もあって,だんだん就職試験も受けられなくなる。「心配してくれることは感謝しているけど,その必要はない」と本人は時々にいうが,何を考えているのか,わからなくなる時が多くなっている。

　上記の事例からは,ひきこもり問題,実際には「困ったトラブル」（土井 2001）の変容や拡大を受け止める観点が定まらず,手さぐりしている様子がわかる。今まで大事なことを言ってこなかったのかもしれないと思い後悔や反省をする一方で,これからを考えて具体的な方法を提案するが本人に相手にされないということを繰り返している。過失の感覚と援助の感覚がせめぎ合って,他者に言っていいのかどうか,何かやっていいのか悪いのかを迷うさまがわかる。家の中での小さな本人の変化と向きあいつつ,親が大人としての自立志向を子どもに求めていく。

> Xさん：そう,だから私も（息子に）言うんですよ,パートだってなんだって,今日行って自分に向いていないと思ったら,パートなんていうのは明日やめますって,今日行ってやめますって言ったっていいんだよって。そんなこと親が言っちゃいけないけども,そういう（入り口の）段階ですよね,パートとかアルバイトみたいなものはね。だけど,それを深く考えてるからいけないんじゃないかなと思って。私が少しでも,気に,気が楽にって感じで,言って。（後略）…
>
> 筆者：ええ,だからそう言われても,できない。
>
> Xさん：そうですね。私に向かってそういろいろ言うわけでもないし,ねえ？　よそのうちのことなんか,もうあま

り気にしてないから，そんなにあれでしょうけどもね。なんていうのかな。「甘やかしすぎ」，まあ一概に甘やかしすぎというふうに思っている人もいるでしょうけども。だから突き放せばいいって（他の人に）言われちゃう。（中略）…苦しいのは本人が一番苦しいんだって言うんですよ。だから主人は「本人が一番苦しんでいるのに，苦しんでる本人になぜ言える？」って，主人はそういう考えなんです。これ以上言えないっていうんですね。（中略）…「お母さんが心配してくれていることには僕は感謝しているけど」，っていう風に（息子が），それだけを私に言葉で言ったんですよ。だけども僕は「必要ないから」っていうんですよ。だから「なんで必要はないの」，って聞いたら，それに対してはもう（息子は）こたえないんですけどね。（中略）…中学の友達っていうから，卒業してから10年くらい経ってるわけですよね。「今ね，駅前で友達と飲んでて彼のこと思い出して電話したんだけど，彼はいますか」って，（以前に）電話がきたんですよ，夜。（息子は）でないんですよ，ほかの人たちは就職しちゃって，もう結婚しちゃってる。そしたらね。「緊急以外のことで，僕に伝えなくって結構です」ってメモ書きがしてあるんですよ。だから，何カ月か経ったときにその子に電話してね，「急に近所にきたからって，寄ったってことにしてもらえばと」，主人に言ったら，「そんなん言ったって駄目だよ」っていうから，（本人には）言わなかったんですけど。

　学卒時の進路選択の失敗は親によってリカバリーできないままであるが，反面，大学までの順風満帆な学校生活は本人の能力への期待を維持し続けさせる。何とかきっかけをつかもうと周りの人の声や仲間の存在を考えてみるが，踏み出すことが躊躇され，語り方

にもその気分が投影されている。適切な社会参加への援助ができれば、喪失した有能感や社会性が回復するかもしれない。だが、事態は変わらず、適切な手が打てているのか一層不安が増していく（古賀 2013）。

ここには、過失者／援助者という2つの役割の狭間に翻弄される保護者の気持ちが投影されている。そして、本当は親が直接知っているわけではないのだが、家庭内の生活や会話を通してリアルに感じ取れる子どもの教育的体験が「問題解釈の資源」として重要な媒体となっていた。

10　まとめと課題

日本社会は、教育や労働あるいは福祉の領域でも、長い間「家族主義」の伝統を保ってきた。さまざまな家族内の問題は、まずもって家族が解決すべきであり、時に献身的な家族愛がそれを支えるという見方である。もちろん、家族が友愛と役割分担によって多くの問題に立ち向かい、それを解決することは重要である。

しかしながら、高齢者介護や精神医療などに端的なように、経済的心理的に豊かな家族においてはその解決が可能であっても、そうでない状況を抱える家族には深い一層の困難が襲ってきてしまうことも多い。ひきこもり問題の場合も、当初は家庭的な資源が豊かなケースが、その長期化によって、定年退職・高齢化など家庭の基盤を破壊され、行き場を失うことが少なくない。

父親が稼ぎ手になり、家庭内の性別役割分業が守られ、幸福な家庭が形成されるという家族主義的な前提は根強く、これまでの企業・地域社会もこうした論理に加担して運営されてきた。しかしながら、ひとり親世帯や単身世帯の恒常化など核家族幻想が壊れる事態が、今日では多々生じている。すでにみたひきこもり問題の場合

も，抱えていく本人を他者化し，問題を外在化させない限り，家族負担は大きくなるばかりである。

そこには，ひきこもる若者を「自立させない」と家族が共倒れしてしまうという冷酷な現実が待ち受ける。もちろん，「自立」という言葉が何を示すのかはここでも大きな問いであり，単なる「就労促進」でも「対人関係づくり」でもない（石川 2007），ひきこもりとその家族のゴールが何らかの形で描かれないと，排除型社会のなかに呑み込まれ，幸福な人生の設計ができなくなってしまうだろう。

ここまでみた問題の「秘匿」に始まる，「過失」と「支援」の板挟みは，単なるひきこもり家族の悩みを超えて，家族に大きく期待し，それに頼って運営されてきた日本社会の仕組みを根底から見直すように迫っている。家族の自助努力だけですべての若者問題が解決するという夢想から，私たちは早く脱却しなくてはならない。教育の失敗や家族関係の歪みなどのスティグマを抱え込む，ひきこもりとその家族の支援をより一層強化する必要があると主張したい。

参照文献

Best, J., 2008, *Social Problems*, W. W. Norton & Company.
土井隆義, 2001,「ある『暴力事件』をめぐる記述のミクロポリティクス」中河伸俊・北澤毅・土井隆義編『社会構築主義のスペクトラム——パースペクティブの現在と可能性』ナカニシヤ出版.
池上正樹, 2010,『ドキュメントひきこもり——「長期化」と「高年齢化」の実態』宝島社新書.
石川良子, 2007,『ひきこもりの〈ゴール〉——「就労」でもなく「対人関係」でもなく』青弓社.
金馬宗昭, 2010,『不登校・ひきこもり——こころの解説書』学びリンク.
古賀正義, 2012,「ひきこもりとその家族に関する社会学的研究——『ひきこもる若者たちと家族の悩み』調査の結果から」中央大学『教育学論集』54: 1–30.

――――, 2013,「社会的ひきこもりと体感治安」広田照幸・後藤弘子編『少年院教育はどのように行われているのか――調査からみえてくるもの』矯正協会, 206-207.
厚生労働省, 2003,「『ひきこもり』対応ガイドライン（最終版）の作成・通知について」, http://www.mhlw.go.jp/topics/2003/07/tp0728-1.html
工藤定次・斎藤環・永冨奈津恵, 2001,『激論！　ひきこもり』ポット出版.
荻野達史・川北稔・工藤宏司・高山龍太郎編, 2008,『「ひきこもり」への社会学的アプローチ――メディア・当事者・支援活動』ミネルヴァ書房.
斎藤環, 1998,『社会的ひきこもり――終わらない思春期』PHP新書.
塩倉裕, 1999,『引きこもる若者たち』ビレッジセンター出版局.
田中俊英, 2008,『「ひきこもり」から家族を考える――動き出すことに意味がある』岩波ブックレット.
東京都青少年・治安対策本部, 2008,「『実態調査からみたひきこもる若者のこころ』平成19年度若年者自立支援調査研究報告書」, http://www.seisyounen-chian.metro.tokyo.jp/seisyounen/pdf/seisyounen/pdf/14_jyakunen/jittaihoukokusyo.pdf

第4章 「ひきこもり」と家族の実存的不安

山本宏樹

1 ひきこもり言説の磁場と翻弄される親たち

　ひきこもり状態にある当事者に関する研究に比べて「ひきこもり当事者の家族」をメインに扱った研究はいまだ数少ない。本書第1章でも指摘されているように、ひきこもりの文脈に親や家族が現れるのは、多くの場合「対応の主体」としてであって、かれら自身に主役が割り振られることはほとんどないのである。では、ひきこもりの子を持つ親たちの抱える苦悩や葛藤の根源にあるのは何だろうか。本章で考えたいのはこれである。

1.1 「世間体」の重圧と孤立

　ひきこもりの子を持つ親たちを悩ませる要因のひとつに「世間体」が挙げられるという。たとえばある母親Amは長女Aが小学1年生で不登校となり家にひきこもった当時の苦悩について次のように語っている。

〈事例A〉

　　ぴったりの言葉はありませんが、私にのしかかっていたのは「世間体」でしょうか。「体裁」「見栄」「常識」「評価」「責任」などの言葉も含まれるかも知れません。実体のない、根拠のない「普通」ということからはずれることへの、言いようのない不安…。（中略）

私はゴミ出しの日に，近所の方に会うのも恐ろしかったのです。スーパーで同じ学校のお母さん方にバッタリ会うのがいやで，遠くまで買い物に行ったりもしました。今考えると滑稽ですが，十年前の私は本当にそんな思いでした。
　　その私の「誰にも会いたくない」「消えてなくなってしまいたい」ような思いは，そっくりそのまま長女を苦しめているのに，私は自分の不安でいっぱいいっぱいでした。「みんなが学校に行っている」「うちの子だけ行かれない」「私はその子のお母さん。あのお母さんの育て方が悪いんだと，みんな思っているに違いない…」肩身の狭い，居場所のない，何とも言えない気持ちでした。　　（鳥羽 2005: 18）

　不登校やひきこもりの子どもを持つ親たちの多くが異口同音にこうした苦しみを語る。かれらは「ひきこもりの子の親」となって以来，それまでの当たり前の日常を喪失したように感じ，以降を「日陰の身」として生きることとなる。中には周囲からの視線に傷つき孤立を深めるなかで親戚や友人とのつながりさえも失い，家族総体が「社会的ひきこもり」の状態へと至る事例もある。
　また上記の例にもあるとおり，不安や焦燥に駆られて苦悩する家族の姿は，ひきこもり当事者をいっそう追いつめる。第1章で描かれたとおり，家庭内に充満した鬱憤は時に家庭内暴力や刑事事件の形をとって暴発することとなるが，そこには「世間体」の重圧が暗く影を落としているといわれる。

1.2　ひきこもり対応言説に翻弄される親たち

　ひきこもりの子を持つ親の苦悩はそれだけではない。戸惑いや自責のなかで親たちが我が子への今後の対応の在り方について模索するとき，その眼前に広がるのはひきこもり対応をめぐる言説の闘争である。
　ひきこもりを，日本社会を蝕む輩のごとく見て是が非でも働かせ

ようと主張する者がいる一方,「炭鉱のカナリア」(ガス漏れ時に,先に倒れて危険を知らせる存在)のように見て,そこに「社会への警鐘」を聴き取ろうとする者もいる (J-CASTニュース, 2013; 野村 2014)。ひきこもり当事者に精神的な脆弱性や器質的な病理性を「発見」し,その治療を重視しようとする者もいれば,むしろ変わるべきは親や周囲であり,凝り固まった自立観や勤労意識の自明性を捨てて,より豊穣な人生へ向けた生き直しをするなかで事態が打開されると説く者もいる (齊藤 2010; 芹沢 2002, 2010)。当事者の「甘え」や「怠け」や「弱さ」を矯正すべく居室にさえ踏み込む荒療治がある一方で,むしろ当事者の意志を尊重しながら十全なひきこもり生活の質保障を行うべきとする受容的な対応もある (芹沢編 2007; 芹沢 2010)。

ひきこもりの子を持つ親や家族たちは「ひきこもりの家族」となったその日からこうした論戦のアリーナに突き落とされ,周囲の評価に怯えながらポジションの選択を迫られることとなる。待つべきか動くべきか,共感すべきか拒絶すべきか……選択をめぐる迷いや葛藤,意見対立のなかでひきこもりの家族は疲弊しやすいのである。

2 ひきこもり家族の「実存的不安」

2.1 我が子の受容をめぐる苦悩

ひきこもりの子を持つ親が迷いのなかで「共感と受容」を選びとろうとするとき,そこに特有の問題が立ち現れる。たとえば事例Aにおいて,小学校の6年間を家にひきこもって過ごし,中学校の入学式からの登校を夢見る娘Aのために,母親Amは制服を用意して入学式当日を迎えたという。しかし共に歩く中学校への道すがら,娘の歩幅は徐々に狭まり2人は遂に立ち止まる。涙を流し,「どうしてみんなは学校に行けるの?」,「私って普通じゃないんだ。

私って病気かな？」，そう問いかける娘の言葉を受けて母親は以下のように思う。

> この言葉はつらかったですね。本当につらかったです。母親が「学校に行かなくたっていいんだよ」と言えばすむようなそんな問題ではありません。みんなが行ってる学校に行けない自分とは何者か，自分は普通か，思春期の入り口で深く自分を見つめ，問い詰め，さばいているのです。何か特効薬的な言葉があるとは思えませんでした。
> 私がついているから悩むだけ悩め，悩むだけ悩んで，答えは自分で出すんだよという気持ちでした。　　　　　　　　　　　（鳥羽 2005: 30）

不登校を続ける我が子の存在を受け入れること自体，決して容易ではない。だが，その困難を超えて子ども自身の苦しみに耳を傾けたときに，そこで親が思い至るのは，「親からの理解」だけでは子どもの苦しみの根本的な癒やしにはならないということなのである。

ひきこもり本人の苦悩に関し，石川良子がイギリスの社会学者ギデンズの「存在論的安心」の議論を用いて重要な指摘を行っている（石川 2007; Giddens 1991=2005）。ほとんどの人間は，自分自身や他者，社会システムの連続性・安定性について根拠のない確信を抱いている。たとえば「他者は自分に対して悪意を抱いていないだろうか？」，「そもそも他者は存在するのだろうか？」といった疑問は，実のところ他者の心を覗くことができない以上，根本的に解消することはできないが，我々の多くは日々の暮らしのなかでそうした根源的な懐疑をさしあたり問わなくてもよい事項として保留しておける。ギデンズはそうした生存の基盤になる安心感のことを「存在論的安心」と呼び，それが欠けた場合，人は絶え間のない根本的な実存的不安にさらされ苦悩することになるとする（Giddens 1990=1993: 116–126, 1991=2005: Chap. 2）。

第4章 「ひきこもり」と家族の実存的不安

　石川は，ひきこもる者の多くがまさにこの実存的不安に脅かされているという。当事者が向き合っているのは「はたして自分は生きていくのか。生きるのだとすれば，どう生きるのか」，「何のために働くのか」，「自分の存在に価値はあるのか」といった問いである（石川 2007: 219-222）。端緒はどうであれ，かれらは「ひきこもり」となることによって存在論的安心を喪失し，社会生活への主体的参加に非常な困難を抱えることになるのだ。

　先ほどの事例Aでひきこもりを続ける娘が母親に投げかけた「私って病気かな？」という問いもまた，自身の実存をめぐる根源的懐疑のひとつと考えることができる。「みんなが疑問を持つことなく学校に通い続けるこの社会で，自分ひとりだけが妥当な理由もないまま学校に行けない…」，この主観的現実は根本的な実存的不安を引き起こし，そこでは自身の存在について問い詰めれば問い詰めるほど，存在論的安心はかえって遠のいてしまう。少女はいっそのこと「病気」という肩書きを背負えば実存的不安を慰撫することができるだろうかと思いを巡らせているようにも見える。

　ひきこもる自分の存在を親に受け入れてもらえるということは，実存的不安を癒やすための重要な要件であり，そうであるがゆえに親は深い苦悩を潜り抜けて子どもを理解することを推奨される。しかしこの事例の母親Amの差し出した救いの手は，Aが自身に向けた根本的懐疑の深みまで届くことはなかった。なぜなら「ただひとり学校に行けない自分とは何であるのか」こそが娘にとっての実存的主題だからであり，それゆえに親たちは我が子の苦悩に誠実に寄り添おうとすればするほど，その懐疑の深さに手をこまねき苦悶することになる。

　ひきこもり本人の実存的不安がいらだちとなって親に向けられることもある。20代半ば以降15年にわたってひきこもりを続ける息子Bの父親Bfは，徹夜で両親を責める息子との鋭い葛藤場面を回想

し，次のように語っている。

〈事例B〉

うちから出られないことに対して，働けとかですね，当人は重々分かってるんですよね。分かってて，自分が39になってどういう立場でなんなんだろうなって分かってて，金縛りみたいになって動けない。だからいちばん当人が悩んでるわけですね。ですからあるとき，その，徹夜でですね，両親を責めるときにですね，私のほうからあるいは家内のほうからお前の気持ちは分かっているからって言いましたらですね，お前たちは俺の気持ちなんか分かるかって言うわけですね。これも，そういう気持ちなり，分かってですね，［息子は］もし，今，俺を救ってくれるって神様が言ったら，俺は今腕一本へし折って神様に差し上げるって言ったんですよ。そういうことを言いました。そのぐらいなんだから，お前たちそんな俺の気持ちが分かるなら，そんなこと言うなっていうんですね。そのぐらい，おそらくもう，本音だと思うんで，ほんとの気持ちだと思うんです。

両親は必死に子どもの苦しみを理解しようとするが，かれらは息子からの欺瞞の告発に口ごもらざるをえない。確かに子どもの言うとおり，心を共有できない以上，ひきこもりの苦悩は本人以外に分かるはずはないのだ。おそらく両親の「分かる」という言葉は文字通りの意味ではなく，我が子の苦悩を受け止めようとする態度表明とみなすべきであろう。しかし目下のところ，その言葉は息子の実存的不安を癒やすのには無力なのだった。

Bの両親はそのために非常に困難な状況に陥る。我が子の苦悩を理解していると言えば「本当に理解しているならば，そうは言わないはずだ」と責められ，理解していないことを認めれば居直りだと責められる。その場を離れるという選択肢もまた子どもの目に自身の拒絶として映るため，親は子ども自身の苦悩を追体験させようと

するかのようなダブルバインドの責め苦にひたすら耐えるというその「誠実」な態度によって「理解」を証し立てようとする道しか残されないのである。しかし，強迫的な「告発→懺悔→懺悔に対する告発」の無限連鎖のさなかにおいては，そうしたBfの態度表明も子どもの存在論的安心の基盤となるにはあまりに儚い試みである。

上に挙げた事例A・Bは，よくいわれる「共感」や「受容」「寄り添い」の実際的な困難性をよく物語っている。ひきこもりの子どもを受容しようとする親たちが日々直面しているのは，周囲のみならず目の前で苦悩する子どもとの断絶なのである。傍から見れば，上記の2つの語りにおいては親の「無力さの自覚」や「口ごもりによる自身の限界性の表出」が逆説的に子どもの気持ちへの寄り添いを証し立てているように思われる。いわば「共感」は言葉でなく，むしろ態度によって語られているのである。

しかし，そうした態度が明確な成果をもたらさないかぎり，ただ為す術なく立ち尽くしているのではないと確信することは親自身にとっても難しい。受容的対応を志す親たちは，我が子の苦悩を目の当たりにしながら特効薬がないという絶望を受け入れる必要に迫られ，強制的介入に特効薬的な希望を託そうとする内的誘惑や他者からの批判に苛まれながら日々を過ごさねばならないのである。

このように，ひきこもり状態の受容という困難な実践のためには精神的強度の維持が必要になるが，先ほどの事例Aにおいてそのための基盤となっていたのは「不登校の子をもつ親の会」の存在である。Amはそこでの学びを経て，半信半疑のまま受容的対応に賭ける段階から，受容派の解釈枠組みで状況を認識し，隣に居続けることをもって娘の存在論的安心の基盤となることを自身に課す段階へと移行している。それが「見守り」という困難な持続的実践を可能にしているのである。

ここまで「受容」をめぐる親の苦悩について描いてきたが，ここ

で述べたいのは，実存的不安を抱えて生きているのはひきこもり本人に限らないということである。我が子の苦悩を解決どころか理解すらできないということ，その圧倒的な困難性が慣れ親しんだ日常世界の裂け目となり，親もまたみずからの実存的危機に立ち至る場合が少なくないのだ。

事例Aに戻るならば，娘が不登校となった当初に母親Amの感じた「あのお母さんの育て方が悪いんだと，みんな思っているに違いない」という疑心暗鬼，同窓生の親の視線に耐えられず「消えてなくなってしまいたい」と思わずにいられないほどの羞恥。これはまさに実存的不安そのものである。そしてこの語りは，学校に行こうとして行くことができず「自分のことを普通ではないと，みんな思っているに違いない」と感じて自宅にひきこもる娘の苦悩や状況と相似形をなしている。この母娘もまた互いに同種の実存的不安のただなかにあったのである。

2.2 我が子への介入をめぐる苦悩

実存的不安という観点を採用することによって，ひきこもりの子を持つ親たちのもうひとつの苦悩についても説明することができる。それは，たとえば我が子が昼過ぎまで寝て，風呂にも入らずに夜通し漫画を読んだりテレビゲームばかりして怠けているようにしか見えないことへのいらだち，自分の心配を無碍にする我が子に対する怒りや悲嘆，そしてそれらを背景にした介入をめぐる苦悩である。

〈事例C〉

　　ひきこもりの青年Cは旅行や親戚の結婚式には寝坊せずに参加できるし，そこでは周囲と普通に会話をすることもできるため，誰も彼をひきこもりだと気づかないほどである。にもかかわらず父親Cfが「学校に行くなり専門学校に行くなり，アルバイトでもいい，職

第4章 「ひきこもり」と家族の実存的不安

業でもいい，あるいはそれの資料集めに行け」と言っても，彼は腰を上げようとしない。そのような息子に対して父親は強いもどかしさを感じている。

　父親は息子について「目的があるかないかっていうのが非常に大きいんじゃないかと思うんです」と語る。息子は優柔不断なところがあり，働くことに対して目的を見出せておらず，また目的が見出せないなりに妥協しながら働いて生きていくこともできないのだ，というのである。そのため父親は，息子に当時話題になっていた「年越し派遣村」のニュースなどを見せ，いつ自分もそうなるか分からないという危機感を煽ることで動き出させようとするが，「まあそこらへんは本人も分かってると，相変わらず分かってるっていうことは言うんですけども，じゃあ明日からアルバイト探そうかっていうところに行かない」。そのため父親は，いっそ半強制的に何かさせたほうがいいのではないかと考えることもあるという。

この父親Cfのように，子どもの前で「自立」や「普通」「人並み」に対する渇望を露わにすることは，受容派の言説からすると，子どもに対する無理解の証として批判されるものであるし，子どもの社会復帰を目的とする場合にも必ずしも有効な解決策たりえないはずである。だが，NPO法人「淡路プラッツ」代表の田中俊英は以下のように指摘する。

　「子どもに自立してほしい」という親の願いを，いわば技術として封印するほうが，長い目で見ると，より自立に近い道を歩むことにつながる。そのように割り切って子どもに接してみてはいかがですか，と提案すると，親たちはたいていの場合うなずく。そこでいつも議論は止まるのだが，このときの父親は，まるで内側から何かを絞り出すようにしてうめいたのだった。止めたくても自立に関する言葉はわき上がってきてしまう，と。（中略）父親たちも，子どもとは別の意味で自立に捕らわれている。抑えても抑えても言葉が

113

> 溢れ出てきてしまう．そうした父の思いを聞いて，筆者の考え方も徐々に変わってきた。それまでは，自立という言葉を振りかざす父たちを，どこかで軽く見ていた。また，自立に関する言葉を投げかけると現実の親子関係はこんなに険悪になってしまうのに，なぜ父たちはそれをやめることができないのか，不思議でもあった。けれども，父も自立に捕らわれていると考えると，その意味が納得できた。父にとって，自立はマグマなのだ。　　　　　　　（田中 2008: 34）

　田中の言う「自立というマグマ」，これこそが実存的不安の別称であるように思われる。文化人類学者の山口昌男は，身体的な奇形を持つことで社会から負の烙印を押されて排除される者に対し，その近親者がいらだちを感じる事例を挙げて次のように述べている。すなわち「我々は自らのアイデンティティを，広い意味で自分自身に属する事物・特徴のなかで，理想的な状態に反するものを排除するという形で維持しようとする」と（山口 2002: 257）。ここで暗に示されているのは，負の烙印を持つ個人がその近親者の負の烙印となる構造の存在である。これによって近親者は排除される本人との連帯を阻まれ，排除への加担を余儀なくされてしまう。

　ひきこもりの子を持つ親たちの焦燥や怒りもまたこれと同様の側面を持つだろう。つまり親たちにとって，我が子のひきこもりはそれまで疑いを差し挟むこともなく生きてきた「自立」を美徳とする世界観を根本的に傷つけられる経験であり，それと同時に，我が子の存在によって自分自身が損なわれるような体験でもある。それゆえに親たちは深層心理における自己防衛のために「我が子の自立」による世界観の修復へと突き動かされることになるのである。

　忘れてはならないのは，田中も述べているように，こうした「自立」「普通」「人並み」への焦りは，親以上にひきこもり本人も保持しているという点である。その意味で事例Cの親と子はひきこもり問題の渦中に共にあり，それゆえに互いに気持ちを通じ合わせるこ

とが困難となっているのである。

　ここまで，ひきこもりの子を持つ親自身の苦悩について具体的な事例をもとに微視的に見てきた。我々は親の胸中に広がる語られることのない深淵に思いを馳せる必要がある。ひきこもっている本人の脇役として扱われることの多い親であるが，かれらもまた存在論的安心を脅かされる状況のなかで，ひきこもり本人のそれと相似形の実存的不安に苛まれている。にもかかわらず，対応の主体としての役割を求められ，どれだけ献身的に子どもに尽くしたかをめぐって評価の視線にさらされる親たちの苦悩は深い。

3　ひきこもりの子と親にとっての現代

　前節の諸事例が示すとおり，ひきこもりをめぐる親子関係では，多くの場合，親は子どもに社会復帰を求め，子どもは親に実存的不安をこれ以上刺激しないよう求めるというように，親子それぞれの存在論的安定の要件が対立しているがゆえに，互いの実存を賭けた激烈な闘争が生起することになる。親が子どもの「あるがまま」を承認してその生に喜びを覚えるようになること，子どもが親の生きる社会の掟に沿って自己実現を図ること，これらはともに対立の解消策として位置付けられる。たとえば，事例A・Bは，親の側が子どもの存在論的安心の獲得を第一に置くことで成立したものであったし，事例Cのような事例においても，子どもが親の存在論的安心の回復を第一に置いて行動することで問題が消失する場合はありえる。

　ただ重要なことは，親と子のいずれを優先するにせよ，それらがあくまでも親と子の一方のありようが他方の生のありように強い影響を与える「親と子の強固な存在論的ペアリング」を前提にして問題解決を図ろうとする対処法だという点である。我々はこの議論の

構図自体をいったん疑ってみることも不可能ではない。近年，教育社会学の研究によって明らかにされてきたとおり，ここまで強固な「親子のペアリング」は決して普遍的なものではないからである。

上記の点を理解するために，明治期以降，現代に至るまでの日本社会の子育ての根幹をなす2つの原理，すなわち「評価原理」および「養育原理」の時代的変遷について簡単に押さえておきたい。そうすることによって，なぜひきこもり現象が拡大しているのか，なぜひきこもりをめぐって家族が苦悩することになるのかについて糸口をつかむことができるからである。

3.1 日本社会における評価原理の変遷――属性主義から業績主義へ

現代，ひきこもりの本人やその親にとって逆境的な社会変容が起きている。日本は他の西洋先進諸国と同様，長い時間をかけて血統や身分といった属性原理が支配する社会から，能力と努力によって社会的価値が決まるメリトクラシー（業績主義）の社会へと変容を遂げてきた。それにともなって明治期以降，士族か平民か，本家か分家か，男か女か，長子か否かといった「生まれ」のくびきから人々が解放され，自分自身の努力や実力が報われる時代――少なくとも，そのように感じることのできる時代――がこの社会に広く訪れている。

重要なことは，到来したメリトクラシー社会の業績評価原理がきわめて学校的なものだったという点である。たとえばサブカルチャー研究者の松谷創一郎（2008）が言うように，1960年代の段階ではまだ運動神経に乏しく社交的なコミュニケーションは苦手だが博学な子どもが「ハカセ」と呼ばれ子ども集団の知恵袋として尊重されていたし，社会学者の佐藤俊樹（2003）が言うように，高度経済成長期の段階ではまだ「ガリ勉」が適応的な生存戦略として機能しており，「ガリ勉」たちは揶揄されながらもひとつの生き方とし

第4章 「ひきこもり」と家族の実存的不安

て認められ，それなりに尊重されていた。

　学校的メリトクラシーの社会では勤勉さや専門知識，そしてその証としての学歴が尊重されていたため，人はたとえ内向的で社交が苦手だったり流行に疎かったりしても，学校で実直に学び，学歴を獲得して勤勉に働くことさえできれば，社会に相応の地位を獲得することができた。60年代頃までは社会のなかにひきこもりに親和的な存在にとっての「居場所」が現在よりも多く存在していたのだろう。

　もちろん，かつての社会には現代と別様の排除が存在したのであって，それを牧歌的に描くのは間違っている。たとえば家格や出生順位などの属性主義的な差別は今よりも強く意識されていただろうし，学校的なメリトクラシー化の流れのなかで，その評価基準に適合せず涙を飲んだ者も多かったはずである。しかし少なくともひきこもりに親和的な者にとって，当時の社会は現代と比べればまだ好意的だったのである。

　しかし70年代以降，日本社会は「前期近代」から「後期近代」へと移行を始める。80年代以降，先進諸国の経済界がそれまでの大量生産向きの固定的な組織編成から，多品種少量生産やサービス産業向きの複雑で柔軟な組織編成へと舵を切ってより創発的な人材を求めるようになると，メリトクラシーもまたそうした社会変動と呼応して変質した。

　教育社会学者の本田由紀（2005）はそのようにしてもたらされた新しいメリトクラシーを「ハイパー・メリトクラシー」と呼ぶ。それは従来的なメリトクラシーの評価基準となっていた学業成績や学歴などの「建前」が取り払われ，創造力，交渉力といったよりあからさまな有用性によって個人が評価される「剥き出しのメリトクラシー」である（本田 2005: 21）。社会の歯車となるような実直な官僚的性向ではなく，独創性を持ち，場の空気を読み，さらにはそれを

主導的に変化させていく創発的なカリスマ的資質が「人間力」の名のもとに価値秩序の中心に置かれる時代になったのである。

こうした社会変容がひきこもり当事者やひきこもりに親和的な者にとって深刻な脅威となったことは想像に難くないだろう。上述のような特定の「人間力」の有無が基準となって社会的包摂／排除の分割線が強く引かれるようになることが、ひきこもり問題の拡大の一因となっているのである。

そして、こうした社会変動の影響の直撃を受けるのがひきこもりの家族である。ひきこもりに親和的な者たちの居場所が社会から消えていくにつれて、かれらは家庭へと追い込まれていく。そして家庭では、親は子どもの社会的承認の獲得に躍起になって子どもを追い立てるようになり、子どもは逆に親からの不承認に対して烈しく抵抗することになるのだ。

3.2 日本社会における養育原理の変遷——生活家族から教育家族へ

さらに、もうひとつの社会変動が養育原理をめぐって起こっている。そもそも、なぜひきこもりという現象が本人に苦悩をもたらすだけでなく、その親の養育責任上の問題とみなされ、親の子育てに対する自責を生むのか。一見して、親が子どもの養育責任を一身に負うことは当然であるように思われるかもしれないが、歴史的にみればそれはまったく自明なことではない。

教育社会学者の広田照幸が指摘するように、戦前において子どもの基本的生活習慣や教育に関心を払っていたのは一部のエリート層のみであった。大多数の農民層や都市労働者の家庭は「忙しくて子どもにかまう暇がない」、「放っておいても子どもは一人前になる」と言って子どもを放任し、自然に成長していくのに任せるか、しつけるにしても農作業の方法など労働に関する実利的な部分だけを厳しく教え込む程度でしかなく、当時の教育者たちは親の教育に対す

第4章 「ひきこもり」と家族の実存的不安

る無関心に頭を悩ませていた（広田 1999: 68, 174-175）。

　もちろん，かつての一般民衆のあいだに教育的な営みがなかったわけではない。前近代社会の人口の8割以上を占める農村部において，子どもたちは共同体の社会関係に埋め込まれ，子ども集団のなかで先輩や同輩の影響を受けながら成長し，10〜13歳になれば長男以外は都市部に奉公に出されて家族から引き離されることも少なくなかった（たとえば，速水（2002）によれば男子の40%，女子の50%が1年以上都市に滞在していたという）。良くも悪くも「かつてのしつけ・人間形成においては，親の意向の影響度は基本的に微力もしくは無力なものでしかなかった」のである（広田 1999: 127）。

　その後，時代が進むにしたがって共同体の存在感は希薄化し，家族が生活を共にするだけの生活家族から子どものしつけ・教育を担う教育家族へと変貌を遂げていく。しかし「親こそが子育ての第一義的権利と責任を有する」という観念が社会全体に浸透したのは高度経済成長期末期（1970年代初頭）になってからだというのが定説である（広田 1999: 116; 渡辺 1999: 109）。つまり現代のような形で子どもの養育責任を親が全面的に負うのはたかだか半世紀ほどの「伝統」でしかないのだ。

　そして，学校的メリトクラシーにおいて価値的中心を占めていた専門的知識や努力性向が学校で比較的容易に獲得できたのに対し，ハイパー・メリトクラシー状況下で要請されるカリスマ的資質や社交的なコミュニケーション力などは幼少期からの家庭教育の影響をより色濃く反映する能力である。イギリスの社会学者フィリップ・ブラウン（Brown 1990）は，このような親の子育てが子どもの将来をより強く左右する新しいメリトクラシーを「親によるメリトクラシー」すなわちペアレントクラシーと呼ぶ。絡み合う評価原理と養育原理の相互変容の下にペアレントクラシー状況が顕在化しつつあり，そのことが親を追いつめているのである。

4 当事者と家族の存在論的安心のために

　現代の日本ほど親業に対する要求水準が高い社会は珍しい。日本社会は数世代のあいだに大きく変貌し，社会的評価原理の観点から見れば「属性主義」から「学校的メリトクラシー」を経て「ハイパー・メリトクラシー」へ，養育原理の観点から見れば「共同体のなかでの育ち」の状態から「教育家族の一般化」そして「子育て不安の時代」へと一気に駆け抜けたことになる。そして，それは親と子が存在論的に強固に結びついていく過程でもあったのだ。

　現代の親たちは子育ての総責任者としての地位を引き受け，かつてに比べはるかに子どもに手間・暇・金をかけている。子育てに対する熱心さはもちろん愛情の発露でもあるが，そればかりではない。親が子育ての中心に位置づけられ，子どもの社会的成功が親の自己実現だとみなされるにつれて，子どもの人生の失敗が親の無能さや人格上の問題の証として流通するようになる（広田 1999）。現代において，ひきこもりの子を持つ親は蔓延する子育て不安のなかで「失敗例」としてまなざされ，時には子どもをひきこもらせた加害者として負の烙印を押されて社会的劣位に置かれる。そうした社会状況がひきこもりの子を持つ親たちの実存的不安を駆り立て，事態を泥沼化させるのである。

　もちろん人間が太古の昔から親子を重要な生活単位として生きてきたという事実を無視することはできない。しかし，「養育責任は親にある」としてそこで思考が停止されがちである今，親がどの程度の養育責任を負うべきかは社会の様態次第で変化すること，社会は別様でもありえるし，現に別様であったのだという事実を我々は心に留めておく必要がある。

　他章でも描かれるように，近年，ひきこもり当事者を励ましながら少しずつ生活支援や就労支援を行い，同時にひきこもりの社会的

第4章 「ひきこもり」と家族の実存的不安

地位改善を世論に訴えもするといった組織型支援の整備が進められている。そうした当事者支援は，本章冒頭で描いた「受容か介入か」「悪いのは本人か社会か」といった理念的な対立構図のなかでは双方から批判されることになるわけだが，しかしそうした当事者支援が親子間の存在論的ペアリングを緩める方向で機能する可能性を看過すべきではないだろう。

たとえば，芹沢俊介（2002, 2010）などの受容論者が親子間の存在論的ペアリングを前提にして親の意識改革を要請するのに対し，第1章第4節で扱われた斎藤環の「ひきこもりシステム」論は「家族の他者性」を強調するものである。斎藤は「親密な対人関係を複数持つこと」を目標とした当事者支援を行うことで子どもの存在論的安心の基礎付けをより多元的な形へと変化させようとする（斎藤 1998: 116）。

親子間の存在論的カップリングを解除して親と子で異なる自己実現を目指すか，存在論的カップリングを組み替えてより望ましい親子の相互承認の形を求めるか，それとも既存の親子間の存在論的カップリングを前提にした対応を模索するか——そのいずれが望ましいかについては個別の事例ごとの検討が必要であるし，存在論的安心の保障という観点からすれば「受容／介入」という対応の形式よりも個々の受容行為・介入行為がひきこもり当事者やその家族にもたらす存在論的承認の質へと目が向けられるべきである。いずれにせよ，組織的なひきこもり支援の目標は，ひきこもり当事者とその家族のどちらをも犠牲にすることなく，両者の存在論的安心を確保することにこそ置かれるべきであろう。

著者追記

本文中の事例Bと事例Cについては東京都青少年・治安対策本部「平成20年度若年者自立支援調査」のデータに基づいている。記して謝意を表したい。

編者追記

　本章は山本宏樹氏の執筆になる論考であるが，使用されているデータの一部については，東京都青少年・治安対策本部が行った「ひきこもり」に関する調査（2007, 2008年度）によっている．この調査の主たるメンバーであった古賀は，本書の執筆者である石川良子氏および五味靖氏に協力を依頼しデータ収集とその活用を行ってきたが，本書の執筆事項との関係で，データの守秘義務を前提としつつ，新たに山本氏にも協力を依頼したものである．記して，調査の関係者にご報告しておきたい．　　　　　　　　　　　　　　　　　（古賀正義）

参照文献

Brown, P., 1990, The "Third Wave": education and the ideology of parentocracy, *British Journal of Sociology of Education*, 11 (1): 65–86.

Giddens, A., 1990, *The Consequences of Modernity*, Polity Press.（＝1993, 松尾精文・小幡正敏訳『近代とはいかなる時代か？——モダニティの帰結』而立書房．）

———, 1991, *Modernity and Self-identity: Self and Society in the Late Modern Age*, Polity Press.（＝2005, 秋吉美都・安藤太郎・筒井淳也訳『モダニティと自己アイデンティティ——後期近代における自己と社会』ハーベスト社．）

速水融, 2002,「歴史人口学を通じてみた江戸時代」大日方純夫編『日本家族史論集2　家族史の展望』吉川弘文館．

広田照幸, 1999,『日本人のしつけは衰退したか——「教育する家族」のゆくえ』講談社現代新書．

本田由紀, 2005,『多元化する「能力」と日本社会——ハイパー・メリトクラシー化のなかで』NTT出版．

Honneth, A., 1992, *Kampf um Anerkennung: Zur moralischen Grammatik sozialer Konflikte*, Suhrkamp.（＝2003, 山本啓・直江清隆訳『承認をめぐる闘争——社会的コンフリクトの道徳的文法』法政大学出版局．）

石川良子, 2007,『ひきこもりの〈ゴール〉——「就労」でもなく「対人関係」でもなく』青弓社．

第 4 章 「ひきこもり」と家族の実存的不安

J-CAST ニュース, 2013,「引きこもりは『厄介者で犯罪者予備軍』 支援サイトに抗議押し寄せ謝罪, でも削除はせず」(2013 年 2 月 1 日付, 引用元は「不登校・引きこもりからの大学進学塾 CARPE・FIDEM」の「不登校・引きこもりコラム」内の文章 (http://www.carpefidem.com/?column=002a)).
松谷創一郎, 2008,「〈オタク問題〉の四半世紀」羽渕一代編『どこか〈問題化〉される若者たち』恒星社厚生閣.
野村俊幸, 2014,『カナリアたちの警鐘――不登校・ひきこもり・いじめ・体罰へはどのように対処したらよいか』文芸社.
齊藤万比古, 2010,「ひきこもり新ガイドラインについて (講演録)」内閣府子ども若者・子育て施策総合推進室『ひきこもり支援者読本』2011 年 7 月発行, 125-143.
斎藤環, 1998,『社会的ひきこもり――終わらない思春期』PHP 新書.
佐藤俊樹, 2003,「『ガリ勉』の絶滅は新たな不平等社会の象徴だ」『週刊エコノミスト』2003 年 9 月 30 日号: 46-49.
芹沢俊介, 2002,『引きこもるという情熱』雲母書房.
―――, 2010,『「存在論的ひきこもり」論――わたしは「私」のために引きこもる』雲母書房.
―――編, 2007,『引きこもり狩り――アイ・メンタルスクール寮生死亡事件／長田塾裁判』雲母書房.
田中俊英, 2008,『「ひきこもり」から家族を考える――動き出すことに意味がある』岩波ブックレット.
鳥羽恵, 2005,「Ten Years After」広木克行編, 不登校の子を持つ親著『ありのままでいいんだよ』北水, 16-55.
渡辺秀樹, 1999,「戦後日本の親子関係――養育期の親子関係の質の変遷」目黒依子・渡辺秀樹編『講座 社会学 2 家族』東京大学出版会.
山口昌男, 2002,『文化の詩学 I』岩波現代文庫.

第5章 「ひきこもり」の当事者から見た家族関係
――「自立」と「自律」のあいだで

石川良子・関水徹平

1 はじめに

　ひきこもっている子どもを持つ親たちは，自分が死ぬまでに何とか自立してもらいたいと切に願い，本人もまた自立を目指して奮闘している。では，そもそも「自立」とは何か。一般的には親元を離れて自力で生計を維持できるようになることが，自立とみなされている。しかし，雇用機会の減少や労働環境の悪化により安定した収入を得ることは難しくなっており，本人がいくら努力したとしても生活基盤を親に頼らざるを得ない場合が多い。

　これはひきこもりに限らず，若年層全体に広まっている状況でもある。従来，成人期への移行研究は就職と離家，結婚を自立の指標としてきたが，それでは捉えきれないような現実が生起しており，「自立」という概念の問い直しが求められている。

　たとえば，米村千代（2010）はポスト青年期研究会の実施した質問紙調査を分析し，未婚で親と同居状態にあっても，親との精神的・心理的な「距離」および「個としての自律性」が保てれば自立意識を持ちうることを明らかにしている。また，藤井吉祥（2008）は欧米の研究成果も参照しつつ，「独立」と「自律」の区別を論じている。前者は従来の自立概念に重なるもので，就職と離家を通じて親への依存を脱することを指す。一方，後者は「親からの統制を脱して行為判断できること」を意味する。「独立」していなくても

「自律」を果たすことは可能であり，したがって，この2側面から総合的に自立のありようを捉えなければ不十分だと主張する。

　藤井の区別に従えば，ひきこもっている人々は「独立」していないがゆえに問題視され，非難の目に晒されてきた。しかし，以上のように自立概念を腑分けするならば，彼／彼女らを親に依存しきった未熟な存在と決めつけることはできない。「自律」という観点から彼／彼女らの経験を掬い上げる必要がある。本章では筆者たちが行なったインタビューから「自律」の様相を探り，そのうえで「自立する」とはどういうことか若干の考察を加えたい。

2　「自律」の様相①
　　──親子関係をめぐる語りの変化

　本節では，筆者のひとりである石川が行なったAさんへのインタビューを検討する。2001年7月に初めてインタビューをお願いし，それ以来，およそ2年に1回のペースで話を伺っている。以下で取り上げるのは，親子関係についての語り方がとくに対照的な1回目と2回目のインタビューである（2001年7月18日，2003年6月28日に実施）。それぞれのインタビューで親子関係はどう語られ，そのときAさんはどのような状況にあったのか。そして，語り方はどういうふうに変化しているのか。ここに「自律」の一端を読み取ってみたい。

　まずは略歴を確認しておこう。Aさんは1973年生まれ。3人兄弟の長男として育った。父親は電機メーカーを定年まで勤め上げ，母親は主婦業の傍ら介添えの仕事を続けていた。Aさんは大学4年に進級する前後からひきこもりがちになり，3回留年したのちに退学。それから間もなく「ひきこもり」のことを知り，関連書籍で紹介されていた相談機関に足を運び，やがて自助グループにも参加するよ

うになった。初めてインタビューをお願いしたのは、Aさんが自助グループの運営スタッフとして活動するようになってから1年ほど経った頃のことである。

2.1　1回目のインタビュー

　このインタビューの中心的なトピックは、ひきこもるようになる前後から現在に至るまでの道筋と、ひきこもった背景や要因についてのAさんなりの解釈である。とくに後者については冒頭の約20分間に集中しており、しかも、こちらが大して質問をしなくてもスムーズに話は進んだ。以下で引用する語りの大半は、その部分のものである。

　Aさんがひきこもりがちになったのは大学4年に進級する前後からで、直接のきっかけは「就職と卒論」だった。大学進学までは何となくやってこられたが、この2つに関しては「自分で考えて自分で決め」なければならない。それがどうしてもできなかったのである。Aさんは留年を繰り返し、ついには放校処分を受けるか自主退学するかの選択を迫られることになった。そこまで状況がこじれてしまったのは、親や友人をはじめとして「誰ひとり相談できなかった」からである。相談すれば「自分に問題があることを自分で認めることになる」ため、どうしても相談できなかったのだという。

　では、「なんでそんなに自分に問題があるのを嫌がるのか」。Aさんはそう自分で問いを発して、次のように説明し始めた。それは「問題がある僕だと、周りの人が関わってくれなくなるんじゃないか」と恐れていたからである。そして、この恐怖感は親との関係に由来するものだと続けた。

　　　もっと根本的に原因を考えると、親、親ですね。僕が問題がない限り、よくキーワードで言われる、いい子である限り、親は親でい

てくれると思ってたんですね。僕に問題があれば，僕は親から捨てられると，思ってたんです。ま，今から思えばですけど。実は，その時点で，もう20何歳ですから捨てられてもどうってことはないんですが（笑），非常にそれが怖かったんですね。

　このあと私が重ねて親子関係について尋ねると，Aさんは次のように答えた。「全く家族間に問題はないと自分では思っていた」が，「よくよく考えたら」「仲のいいふりをしていたって感じ」だった。ひきこもる前は「まったくのいい子ちゃん」で，いわゆる反抗期もなかったそうだ。なぜなら，「反抗なんかしたら捨てられるって思ってた」からである。当時のAさんにとって，親との関係は「親の言うことを聞く限り，僕らは親子でいられる」という「条件つきの関係」でしかなかったという。ただし，そうした感覚が何に由来するのかはわからないようで，「虐待を受けたとか，ネグレクトとかねぇ，そういうわかりやすいのがあればいいんですけど」と，少し困ったようにAさんは笑った。

　Aさんにとって「問題のある自分」は，きわめて明白だった。それは「皆と同じように」卒論に取り組むことも，就職先を決めることもできない自分である。あくまで「皆と同じ」であることが重要なのであって，「こんな自分になりたいっていうモデル」を「実は今でも持てない」。「自分の希望とか望み」が「湧かない」こと。「今悩んでいるのはそこ」だという。Aさんは，この点についても親子関係に関連づけて説明している。

　　これはまあ，親のせいなのかなぁって思うんですが，まあ，非常に親はせっかちで，僕が決めるより，親が決めた方が早い。たとえば，メニューとかじいっと見てると，あんたこれがいいんでしょって頼んじゃう。そういうパターン。…そうですね。そういうことがずっと続くと，自分で選び取るっていう能力がどんどん，スポイル

されて，なくなっちゃうんですね。僕はなくなってたんです。

　幼い頃からの積み重ねのなかで「自分で選び取るっていう能力」が失われていき，それが「就職と卒論」という局面で顕になったということなのだろう。
　このように，Aさんは自分がひきこもった原因や背景について，親子関係を抜きにして語ることはできないようだった。では，ひきこもっている最中の心理は，どのように語られているだろうか。

　　本当にいろんなこと考えましたよね。まず，親が悪い，違う親に生まれてれば，とか，時代が悪い，昭和30年に生まれてれば，とか…あと，場所が悪い，東京に生まれてれば，っていうのもありました。どんどんおかしくなってきて，中学校が悪い，高校が悪い，大学が悪い，学科が悪い。ありとあらゆる自分が辿ってきた過程が，ありとあらゆる事柄が全部認められなかった。

　既に述べた通り，Aさんは「問題のある自分」をどうしても認められないでいた。それゆえ，その自分に至るまでの「過程」と「事柄」の一切を認められず，自分を産み育てた親をも許せなくなっていたのだろう。親を恨む気持ちはなかったのかと別の場面で訊いてみると，Aさんは「ありましたよ。もちろん」と即答した。そして，今はもう恨んではいないものの，「何かをしてほしかったという感情」だけは「解決されないで残ってる」と言い添えた。そこでインタビューの終盤，私は改めて問いかけてみた。

　　Ｉ：家族の問題はまだ結構大きいですか？
　　Ａ：今？　今はそうでもないと思うんですが。…まあ，この家に生まれたっていうことを認めることができるようになったなと。…もちろん不満はありますけれど，親も完全じゃないって分

かったので。

　この語りからは，Aさんが親との関係に複雑な感情を抱えながらも，折り合いをつけつつあることがうかがえる。「この家に生まれた」という事実を肯定できたのは，「問題のある自分」もまた認められるようになったということなのだろう。

　実際，このときのAさんは「今この状態にあるっていうことを現実として受け入れられるようになった」と，再三強調していた。「ずいぶん変わった」のは，支援機関が運営する当事者グループに参加するようになってからだと，Aさんは振り返る。大学を中退したあとも両親と徹底的に話し合う機会を持ったわけではなく，むしろ仲間との交流を通して「問題のある自分」を受け入れられるようになったようだ。とりわけ大きな意味があったのは，今までの経験を「ほかの人に話すこと」だったという。Aさんは「自分のこと話そう会」という集まりを主催していたことがあり，そこで「何回も話すうちに，自分のことを整理できるように」なったそうだ。こうした経験からAさんは「話せば話すほど自分のことを受け入れられる」と考えており，だから私の調査依頼にも応じたのだと語っていた。

　このように，Aさんは親子関係に引きつけて自らの経験を語りながらも，だからといって親との関わりに固執しているわけではなさそうだ。語ることは問題を外在化することであり，そうであるからこそ問題を受け入れることも可能になる。Aさんにとって語ることは，親子関係にまつわる葛藤と折り合いをつけ，解き放たれるために不可欠な作業だったのだろう。上記引用中の「親も完全じゃない」という語りは，そうした作業を経て獲得された認識を表していると考えられる。

2.2　2回目のインタビュー

　次にインタビューを行なったのは2003年6月，Aさんが30歳の誕生日を数カ月後に控えたときだった。前回のインタビューから変わったことを教えてほしいとお願いしたが，Aさんは冒頭から「あんまり変わってない」と繰り返した。とはいえ，変化が何もなかったわけではない。たとえば，このインタビューの2カ月前に，Aさんは5年近く打ち込んできた自助グループの世話人の活動に一区切りをつけて，一参加者に戻っていた。しかし，これは変化したことには数えられていない。なぜなら，Aさんは変化の有無ではなく，「進んだというかそういう実感が持てない」ことを問題視していたからである。

　また，自分は「うまくいってないほうだと思う」ともAさんは語っていた。「うまくいく」の意味を確かめると，「仕事してる人」が「うまくいってる人」だという趣旨の答えが返ってきた。「働かなきゃいけない」とは思っても，稼いだ給料でしたいことや欲しいものがあるわけではない。30歳を目前にして「焦ってはいる」ものの，「仕事に行こうっていうのは，まだ，やってない」。それが現状だという。

　ここで長い沈黙が訪れた。そこで家族の近況を尋ねてみると，弟2人については淡々とした調子で語ってくれたが，両親のことになった途端にトーンが下がった。弟の話が一段落ついたところで「お父さんとお母さんはお変わりないですか」と話を振ると，Aさんは「まあ老けましたけど」とだけ答えて，少し黙り込んだ。そして，今の自分は親のことを「心配」できるような「そんな立場じゃないんでね」と軽く笑い，「ただ，〔両親が〕楽しそうにやって」るのは「ありがたいなって思います」と，あっさり話を締め括った。私はもう少し両親との関係性を掘り下げようとしたが，うまく語りを促すことができず，結局また沈黙してしまった。そこで質問の意

図を改めて説明してみたところ，それは思いがけず以下のようなやりとりになった。

  I：〔前回のインタビューで〕自分がひきこもったのはやっぱり親子関係が，おっきいっていう言い方をなさっていたので，その後どうなったかなーと思って。
  A：あー……そうか，そんなこと言ってたんだー。
  I：え，そ，そうですよ。
  A：あー，やっぱりねー，あー，それについては考え変わってるんだろうなーって。
  I：あーそうですか。
  A：うーん…今はー，ね，そんなのどうでもいいんです（笑）。
  I：どうでもいい（笑）。
  A：どうでもいいんです。どうでもよくなりました，どうでもよくなるんですね。ほんとにね，どぉーーでもよくなりました。そんなのにこだわってる場合じゃないって，はっきり言って（笑）。

「そんなこと言ってたんだー」というAさんの反応に，私は若干つっかえながら相槌を打っている。ひきこもった経験と親子関係との密接な関わりを饒舌に語っていた2年前との落差に，戸惑いを隠せなかったのだ。Aさんは「どうでもよくなりました」とも繰り返しているが，これは「そんなのにこだわってる場合じゃない」からだという。先ほどの「変化」に関する語りを踏まえれば，このときのAさんにとっては，就労や自立のほうが親子関係以上に切実な問題になっていたと推測できる。ただし，就労や自立により目が向くようになったのは，単に歳を取って焦燥感が強まったせいだけではなく，親子関係に対する関心の低下も関わっていると思われる。

 上のやりとりに続けて，私は前回のインタビューでAさんが力を込めて語っていた，「条件つきの関係から無条件の関係へ」という

第5章 「ひきこもり」の当事者から見た家族関係

「スローガン」を持ち出してみた。「条件つきの関係」とは，相手の期待に沿う限り保たれるものであり，その対極に位置するのが「無条件の関係」である。2年前にはこの「スローガン」について熱っぽく語っていたAさんだが，このときは「あぁ〜言ってましたねー，そんな懐かしいこと言ってましたねー」と，まるで他人事のようだった。とはいえ，この素っ気なさは親子関係に対して単純に無関心になったことを表しているわけでもないようだ。

> 特にスローガンとして意識しなくてもすむようになったって感じ，ま，自然になったのかもしれませんね。…その時は言い聞かせないと不安になるくらいだったんでしょう，むしろ。特にそういうのは普段から，特に意識しなくても，つきあっていけるようになったのかな。

Aさんによれば「自然になった」のではないかという。今親との関係は「無条件」なのか「条件つき」なのか，そういうことを「特に意識しなくても，つきあっていけるようになった」のだろう，と。この「自然」さは，仲間との関係を媒介にして獲得されたようである。1回目のインタビューで語られたことだが，Aさんが初めて「無条件の関係」を実感できた相手は，自助グループの仲間たちだったという。「役に立つから，かれらは僕と関係を持ってくれてるんじゃない。(中略) 極端な話，役に立たなくても大丈夫なんだ」と気づかされ，この気づきが親との関係を根本から見直す契機になったそうだ。

以上のやりとりを最後に，2回目のインタビューで家族のことが話題に上ることはなかった。このとき家族がやりとりの焦点になっていたのは，約2時間のうち15分足らずである。しかも，インタビューが始まってから約40分が経過したところで，私のほうから家族について尋ねている。録音を開始してすぐに，Aさん自身が積

極的に親子関係について語りだした前回とは大違いである。このときのインタビューでAさんが積極的に語っていたのは，自助グループの活動を通して考えたことや仲間たちのこと，当時盛んになりつつあった就労支援のことだった。親との関係についてことさら語る必要がなくなったのは，親から離れて家庭の外に活動の領域が拡大したことで親との関係が相対化され，それに伴って関心も広がっていったからだろう。1回目と2回目のインタビューの落差は，親をはじめとする他者の期待を引きはがし，自在に振る舞い，生きようとしてきた——まさに「自律」しようとしてきた——Aさんの葛藤の痕跡として受け止めるべきなのかもしれない。

3　自律の様相②
——親子関係の調整過程に着目して

　ここからは，筆者のひとりである関水がインタビューを行なったBさんのケースからみえてくる，当事者にとっての親子関係を考察する。Bさんは1970年代後半生まれの男性である。公務員の父親と自宅で小さな事業を営む母親との間に3人兄弟の次男として生まれた。不登校とひきこもりを経験し，現在30代のBさんは，実家で兄と介護の必要な母親との3人で暮らしている（父親は数年前に他界）。インタビューは2012年の2月と4月に1度ずつおこなった。以下で引用するBさんの発言は，これらのインタビューで語られたものである。Bさんの親子関係の歴史をたどりながら，Bさんにとっての親子関係，そこでの「自律」の様相がいかなるものであるのかをみていこう。

3.1　Bさんの来歴

　「家族からの自立ということが言われますけど，それについて考

えていらっしゃることはありますか？」という問いかけに，Bさんは次のように答えている。

> 自立を考えていない。とりあえず今の自分を保てればいいんじゃないかと。〔夜の清掃のアルバイトと並行して〕朝の仕事を始めて，朝と夜，両方働いても，これで〔月〕10万〔円〕ちょっと。これで精いっぱいだな，自立は厳しい，と考えると，それだったら無理に〔自立を〕考えることをしない。

「自立を考えていない」というBさんだが，どのような経緯を経てこのような考えに至ったのだろうか。彼のライフヒストリーを簡単に紹介したい。Bさんは小学校1年の夏休みに学校に行かなくなった。親は「引っ張ってでも連れていこうとする」が，Bさんにとって学校は「居るだけで不安と緊張でエネルギーを消耗する」耐えられない場所だった。Bさんがそんな「ぞわぞわする」不安を感じていることは，親には理解してもらえなかった。「保健室登校」も試みたが，結局「高学年になったらほとんど行かないような感じ」になる。

中学校も通うことはできず，適応指導教室に週3日，母親の知り合いの私塾に週2日通った。中学卒業後は，通信制高校に進学，同時にサポート校にも通い始める。だが，1年目の夏頃，再び緊張が強くなって電車に乗れなくなり，結局高校は2年次，17歳のときに退学している。外に出ると胃が痛くなり，気分が悪くなる状態だったという。母親はひきこもり状態のBさんのことを保健所に相談し，医師と保健師の訪問がきっかけとなって，自宅近くの心療内科への通院が始まる。診断名は「不安神経症」だった。

20歳の頃，「少しずつ落ち着いて」きたBさんは，サポート校時代の担任だった先生が始めたフリースクールに週1度通うようになる。母親の知り合いの店で，ポスティングのアルバイトにも挑戦す

るが「胃が痛くなりすぎて」続かなかったという。

その後、母親に紹介された「スピリチュアルな」カウンセラーと数年にわたって対話するなかで、Bさんは自分を見つめ直す作業を続けた。カウンセリングの費用は半年で30万円ほどかかったが、その費用は親が負担した。カウンセラーとのやりとりのなかで、Bさんは再びアルバイトにチャレンジする。「人とあまり接しない」短時間の清掃のアルバイトだった。

その後、アルバイトの負担感と、体調を崩した母親の介護などが重なって苦しくなり、睡眠薬を大量に飲み自殺を図ったり、病気で父親を亡くしたりするなど大きな出来事を経験したが、Bさんはその後も清掃のアルバイトを継続している。

3.2 Bさんにとっての「自立」と「自律」

本節冒頭で確認したように、Bさんは「〔家族からの〕自立は考えていない」と語る。とはいえ「自立」へのプレッシャーをまったく感じていないというわけではなく、「親がいなくなったらどうするんだ」という不安はあるし、親に「依存してるとか、そういう意識が自分のなかであった」とBさんは言う。

それでも「何がいま必要かって言ったら、自分を整理すること」であり、それはたとえば「夕方しか仕事をしていない」ことに「後ろめたさ」を持つのではなく、昼間の時間は夕方仕事に行くための助走期間であり、仕事に行くのは「一日仕事」なのだということや「夜仕事をするのも大変なんだけどがんばってやっているんだ」ということを「一個一個、自己分析」することである。

Bさんが家族からの「自立」よりも「自分を理解すること」を大切にする背景には、自分自身が自分の状態を理解できないことに苦しんだという経験、そして自分の状態を理解できない親との長い葛藤の歴史がある。

第5章 「ひきこもり」の当事者から見た家族関係

　　結局，親は，不登校のときも結局，学校に行かないというのが理解できなかった，行けないっていうことが。それで結局親が理解できなくて，激突があって。今度こう，高校やめるときも，その外に出られないっていう理解が，その精神的な，不安神経症に対しての理解もできないし，パニック発作が起こるということも理解ができないし。だから本当に，どうしていいかわからないような状況だし，だから自分もどうしてもらったらいいかわからないしっていう。

　周囲の人たちが自分を理解できないだけでなく自分自身も自分の状況を理解できない。そのことがBさんを苦しめてきた。だからこそBさんは自分を整理することが重要だと考えている。そして自分を理解することは，自分のことを話せる人との関係，とりわけ親以外の人びととの関係に支えられているという。

　　相談機関じゃなくて，こうやって報告できる相手，話を聞いて，耳を傾けてくれるだけの人がいると，自分というのがだんだんと見えてくる。あれこれアドバイスをもらうのも大事だけど，自分がある程度話せるような相手が出てくると，「ああ，自分ってそう思ってるな」「そう考えていた時期があったな」と見えてくるから。すごく，長く行くのは大事だなと今はつくづく思う。親はたぶん近すぎちゃうんだよね。ぎすぎすしちゃう。親にも親の考えがあるから。直接的に関わってきちゃう，経済的なこととか，将来のこととか。

　「経済的なこと」や「将来のこと」，つまり「自立」を気にかける親との関係は「近すぎ」るがゆえにどうしても「ぎすぎす」してしまう。その関係から離れて，自分のことを自由に語れる場がBさんには必要なのである。そのひとつとして，Bさんが継続的に参加しているひきこもり経験者の集まる会がある。

　　自分の状態を今みたいにこう，ひきこもりの会とかで細かく説明

できるようになると，昨日〔の会のとき〕も共感ということで何人
　　　かいて，「ああ，そういうときはどうしようもないよね」って。

「そういうときはどうしようもない」ということを確認し合える
関係が，Bさんにとっては重要である。「何とか自立してほしい」
という親からの期待に晒され続けることは，自分の現状を「どうし
ようもない」ものとして受け入れることを難しくする，とBさんは
言う。

　　　ひきこもりの場合は（中略）親が安心したいとか，親が何とかし
　　　たいというふうに思って，自分のペースで進めないとかさ，自分は
　　　こう思ってることもなかなか理解が足りないとかさ。それは精神が
　　　病んできちゃうから。

これまで親の期待に向き合い続け，長い間，自分自身の経験を語
る言葉を持てずにいたBさんにとって「自己理解」とそれを支える
場（関係性）が大きな意味を持っていた。「自分の理解ができるよう
になってくるとすごく落ち着いてくる。そうなるまでが大変。そこ
までの時間が10年かかる人もいれば，もっとかかる人も」いると
Bさんは言う。これまでの経験を振り返ってBさんにとってのひき
こもりとは「社会との適応の試行錯誤の時期」だった。

　　　この社会に適応するにはどうしたらいいのかというのを，なんと
　　　かしたらできるんじゃないか，できるんじゃないかと社会に合わせ
　　　ようとしても，でもやっぱりできないんだからと，とりあえず自分
　　　に合わせようとして，自分に合うところ，合うところとやって，そ
　　　の中でがんばって，がんばって。自分に合うところばかり行くと，
　　　結局そんなところほとんどないから，自分が無理しても大丈夫な範
　　　囲っていうものを分かってくると，ここまでならできるなとか，そ
　　　れがだんだん広がっているという感覚があって。

第5章 「ひきこもり」の当事者から見た家族関係

　ひきこもり経験，親との葛藤の歴史のなかでたどりついた現在のBさんの生き方，それが，「家族からの自立」を考えるのではなく，むしろ家族に生活の基盤を置きながら家族以外の人びととの関係性を築くことであると言えるだろう。

　Bさんにとって，親の期待から相対的に離れた人との関わりの場を持つことは，親の期待から「自律」──「自立」ではなく──して自分を語る言葉を手にすることに結びついている。そのような場があることで，自分を追い詰めずに済んでいるとBさんは言う。

　　B：自分の場合は，保健所の人にもつながっているし，心療内科にもつながっているから，いろいろなところにつながっている。（中略）自分のことを分かってくれている人がいろんなところにいる。舵が取れるから，せっぱつまってはいないんです。結果的にそうなってるだけで，そうしようと思ってしたわけじゃない。長くなってくるから，言わなくても分かってくれてる。（中略）保健所も，最初に行き始めたのは心療内科と同じくらいだから，もう10何年。10何年の流れをみてるから。
　　Ｉ：担当の方が代わったりは？
　　B：代わりますけど，そのつど引き継いでくれてる。資料とかも残っているので，それを読んで。ほとんど相談というより報告に行く感じなので。（中略）「働きたいんですけど」「家のことが大変で」というばかりだったら続かないんだろうけど。

　さらに，保健所や心療内科やひきこもりの会といった，親の期待から相対的に「自律」した関係性は，Bさんにとって家族という生活基盤から離れて生活する可能性とも結びついている。以下はBさんとのやりとりである。

　　B：〔障害年金も〕もらおうと思えばもらえると思う。（中略）20歳より前から診断を受けているので，条件としては満たしている。

受けている心療内科は区ともつながっているから，いつでも取
　　　れるような体制にはなっている。
　　Ｉ：そこらへんは安心感はある？
　　Ｂ：いざ困ったらそこだな，と。先生も今はとりあえず動けている
　　　ので，せいぜい保健師さんと話をしたり，つながっている，と
　　　いう状態はもっている，という状態で。いざとなったら。

　保健所とのつながりは，障害年金の受給という形で，親からの経済的自立という選択肢をBさんに提供する。とはいえ，この経済的自立の可能性によってBさんの「自律性」が支えられているわけではない。順序は逆である。彼の「自律性」をつくり出しているのは，経済的自立の可能性に先立って，親の期待から離れて自分のことを語れる場を複数持ったことであり，経済的自立の可能性はその「自律性」が成立するなかで付随的に見出されたものである。

　親の期待に沿うことができず，自分でも何をどうすればいいのか言葉にできない苦しみのなかで，親との衝突を繰り返してきたBさん。「長いなかで，母は理解もあったし，兄も理解はないけど，そういうものだと，自分のなかで折り合いがついた」とBさんは言う。彼の生活史を辿るなかで見えてくるのは，長引く葛藤のなかで，彼が一歩ずつ自分なりの持続可能な生活スタイルを模索し，それを実現してきたということである。家族の期待から離れた彼の「自律性」を支えているのは，親と葛藤しながら，また親のサポートを得ながら形成された家族外の人びととの関わりである。

4　おわりに

　筆者たちがフィールドで出会ってきた当事者の多くは，予想以上に親に対して冷静であり，良好とは言えないまでも険悪ではない関

第5章 「ひきこもり」の当事者から見た家族関係

係性を築いているように見受けられる。とはいえ、かつて苛烈な葛藤があったことは話の端々からうかがえ、落ち着くまでに長い道のりがあったことは想像に難くない。本章ではその一端を描いた。

たいていの場合、子どもがひきこもることは親の期待から逸脱しており、それゆえ親子間に激しい衝突が引き起こされる。しかし、この衝突は単純な憎悪によるものではない。前節までで見たように、子どもは親の期待に沿おうとし、同時に親に対して理解やサポートを期待もする。互いをあきらめきれないからこそ苦しいのである。「親はたぶん近すぎちゃうんだよね」とBさんが語るように、強く期待し合ってしまう関係の内側で「個としての自律性」を確保することは困難である。2人の経験に共通していたのは、だからこそ親子関係の外に自分のことを語れる場が重要な意味を持つということだった。Aさんのインタビューからは、語ることを通して親からの／への期待が相対化され、親との間に精神的・心理的な「距離」が打ち立てられていくことが読み取れた。

Bさんのインタビューからは、家族に生活の基盤を置きつつも、親子関係の外で自分のことを語れる場を得たことで、ようやく家族関係の再構築とともに自分なりの持続可能な生活スタイルの模索が可能になっていることがうかがえた。その姿は傍からは自立を目指しているようには見えないかもしれない。また、彼自身も「自立を考えていない」とはっきり言う (3.1を参照)。だが、Bさんは様々な集まりに足を運び家族外の人間関係を形成しながら、家族との距離や心身の調子をコントロールしつつ、どうにか社会を生き抜こうと試行錯誤を続けている。たしかに生活基盤は親に頼っているかもしれないが、だからといって親に依存した状態であるとは言い切れないはずだ。本章の冒頭で触れた区別に従えば、「独立」はしていないとしても「自律」はしているということになるのではないか。

また、Bさんは障害年金の受給を選択肢のひとつに数えていたが、

これを依存の対象が親から社会福祉に変わるに過ぎないと批判的に見る人もいるだろう。だが，従来の「自立＝独立」の典型である賃労働を通じた生活給の獲得もまた企業組織への依存と捉えることもできるのであり，実際には何にも頼らずに生活するということはあり得ない。私たちはどうしても，就労して生活費を稼ぐことだけを自立だと考えがちである。しかし，「自分が無理しても大丈夫な範囲」を見極め（3.2を参照），その範囲で生きていけるように福祉制度を利用することは，Bさんなりの「自律」に根ざした自立のあり方とみなせるのではないだろうか。

「自立＝独立」している生のみを価値ある生とする前提によって，ひきこもり当事者を含めた多くの人々の生が「自立＝独立」できていない生として貶められている状況がある。だが，どのような形であれ，生きるに値する生を生きることが人間の生にとっての基本であると考えるならば，どのような方法で何に頼って生きるかは副次的なことであり，「自立＝独立」している生以外の生のあり方もまた価値ある生である。

そこで必要とされているのは，多様な生を包摂するような形で「自立」概念を捉え直すことではないだろうか。「自立＝独立」が困難ななかで，家族関係の外にネットワークを築きながら，互いの自律性を尊重し，かつ期待で振り回すことなく思い合える関係性を実現しようとしてきたひきこもり当事者とその家族の試行錯誤の経験は，新たな自立と依存の形を考える重要な手がかりを提供するものである。

参照文献

藤井吉祥, 2008,「親子関係における若者の『自立』――質的調査による考察」『教育科学研究』23: 21-30.

米村千代, 2010,「親との同居と自立意識——親子関係の'良好さ'と葛藤」岩上真珠編『〈若者と親〉の社会学——未婚期の自立を考える』青弓社, 83-104.

第6章 「ひきこもり」の親の会は どのような支援を行っているか

滝口克典

1 はじめに

　「ひきこもり」の困難は，そこからの離脱が容易でなく，長期化しやすい点にある。精神科医・斎藤環はこの泥沼化のメカニズムを「ひきこもりシステム」と名づけた (斎藤 1998)。これは，ひきもっている息子／娘に親が厳しく対応することで，当人と家族とのコミュニケーションが失われ，当人がますます深くひきこもるようになると同時に，親がそのことを誰にも相談できずに抱え込むことによって，家族自体もまた，外部の社会との接点を失っていくという，二重の孤立状態を指す。このシステムは安定性をもっているため，悪循環がどこまでも続いていくのだという。

　この「ひきこもりシステム」の解除に向けた支援活動を行っているのが，「ひきこもり」の親の会 (家族会) である。親の会とは，同じカテゴリーで把握されるような問題を抱える親たちを中心に構成されている自助的な集まりのことである。では，親の会が「ひきこもりシステム」を解除するにあたって行っているのはどのようなことだろうか。

　「ひきこもり」の親の会の取り組みを扱った先行研究 (川北 2004; 浅田 [梶原] 2010) によれば，まず言えるのは，その核心が，親たちにとっての親密圏としての機能にあるということである。親密圏とは「具体的な他者の生／生命への配慮・関心」によって形成・維持

される共同体のことだ（齋藤 2000）。親たちはそこで，自らの体験を語ったり，似た境遇にある他の家族の体験を聴いたりする機会を手に入れ，承認や癒しを得ていた。

　もちろんそれは単なるガス抜きや気分転換ではない。そこでは，親たちの「ひきこもり」をめぐる認知の変容が促され，会が採用するモデル・ストーリーに沿った形で，彼／彼女らが身に宿してきた規範——例えば「ひきこもりは甘え，ゆえに厳しく対処すべき」といったもの——を書き換える学習が行われている。目指されていたのは，規範の修正により親たちの当人との関わりかたに変化をもたらすことであった。

　とはいうものの，親の会の機能を「ひきこもり」に関する認知の変容，そしてそれを通じた本人と家族とのコミュニケーションの回復とのみ捉えるのは，「ひきこもりシステム」の解除という観点からは不十分なものである。その解除には，ひきこもっている当人と家族の再接続に加え，ひきこもる若者を抱える親たちと社会とのコミュニケーションの回復もまた必要だからである。

　しかし先行研究においては，後者の側面，すなわち，家族を——そしてそれを通じてひきこもっている当人を——社会に媒介するという局面で親の会が何を行い，そしてそれが何を意味しているのかはいまだ明らかにされていない。本章ではこの問題に取り組みたい。まずは「ひきこもり」の家族が置かれている家族社会学的な文脈を概観し，本章の枠組みを示す（2節）。次に調査概要を示し（3節），その上で親の会の人びとの支援実践を記述する（4節）。最後に，そうした親の会の支援が何を意味しているのかを考察する（5節）。

2　近代家族／ポスト近代家族と「ひきこもり」

　「ひきこもり」を抱える家族の特徴としてよく語られるのは，そ

れが「ふつうの家族」とほとんど変わらないということである。「ふつう」とは、近代家族の規範をそのままに生きている、という意味である。近代家族とは、公的領域から切り離され、私的領域での役割を割り振られ、夫婦／親子の強い情緒的絆を基盤に強い凝集性や排他性を備えるようになった家族のありかたを指す。そこでは、何らかのトラブルが生じた場合、あくまで外部の社会から隔離された環境下で、もっぱら女性が、愛情を資源にそれに対処すべき、とされている。こうした特徴を備えた近代家族は、大正期に欧米より移入され、戦後日本において大衆化し、「ふつうの家族」とイメージされるようになった（落合 2004; 三浦 1999）。

　しかしながらこのモデルは、近代化のある局面、すなわち工業化の要請のもとで制度的に採用されたものだ。当然、その目的が達成されてしまえば、近代家族というありかたとそれを取り巻く社会システムとの間に摩擦や齟齬が生じることになる。日本ではこれが1970年代以降顕在化していった。このズレを解消するため、家族は社会システムの変動に対応して、そのありかたを緩やかに変容させていく。家族社会学では、こうしたズレに適切に対応できる柔軟性を備えた家族のありかたを、ポスト近代家族と捉える（千田 2011）。

　この柔軟性とは、制度が想定していなかったような何らかの危機が生じたときに、何が問題の本質かを適正に把握し、解決に必要な資源を集め、もしそれが近くになければその在り処にアクセスし、確保しようと試みるなど、家族危機に適切に対処できるということを指す。ところが、近代家族の規範が生きているような家族においては、そうした柔軟性が妨げられ、トラブルが生じても、その危機のありようや要因を正しく認識できなかったり、必要な対応資源を確保し損ねたりしがちである。言い換えるとそれは、もしその規範を緩めることができれば、家族は、直面している問題を適切に認識したり、新たな危機対応資源とつながったりできるようになるとい

うことである（浅田［梶原］2008;宮崎 2008）。

　以上の枠組みを確認した上で，「ひきこもり」を抱える家族の問題に戻ろう。冒頭で述べたとおり，「ひきこもり」の家族は「ふつうの家族」である。そこでは，近代家族規範への強い固執が生じており，規範から外れた発想や行動を採用しづらくなっている。つまり，「ひきこもり」の家族が抱える問題とは，規範への過剰適応ゆえに，ポスト近代家族への移行に失敗し，家族危機への対処に困難をきたすようになっていること，と位置づけることができる。とすれば，そうした家族において求められているのは，近代家族の規範から自由になり，家族危機に対処すべく，近代家族がその成立にあたり外部に委ねてきたもの——ネットワークや自律性——を再び手に入れることだということになる。

　とはいえ，かつて家族の周りに濃密に存在していた親族ネットワークや地域共同体をそのまま復活させることはもちろん不可能だ。求められているのは，それらの機能的代替物である。本章で扱う親の会は，そうした機能を果たすことのできる支援資源の一つである。では，親の会はいったいどのようなやりかたで「ひきこもり」を抱える家族のネットワーク化や自律性の獲得を支援しているのだろうか。

3　山形県における親の会の活動概要

　筆者は，2008年の10月から12月にかけて，山形県内における「不登校・ひきこもり」支援NPOの悉皆調査[1]を行った。当時県内には「不登校・ひきこもり」支援を掲げて公的に活動を行う市民団体が全部で12団体存在していた。筆者は各団体の日常的な活動の場を訪問し，その代表者に2時間ほどの半構造化インタビューを行った。以下では，親の会を母体とする4つの支援団体[2]を対象に

表1　山形県内における親の会を母体とする「ひきこもり」支援団体(2008年)

団体名	設立年	世話役 (性別・年代・立場)	前身となった 活動・団体	調査時点における活動 (内容／参加数／頻度等)
W会	2004年	Aさん(男・70代・元学校教員)	「不登校」親の会(1996年設立)	●家族交流会(5〜15人／月1回) ●家族教室(学習会／20〜30人／不定期) ●家庭訪問(4家族／月1回) ●若者の集い(7人／月数回) ●軽作業(不定期) ●情報誌『ヤングW』発行(20部／月刊)など
X会	2003年	Bさん(男・50代・販売業経営)	「不登校」親の会(1991年設立)	●家族会(10〜20人／月1回) ●家庭訪問(随時) ●X広場(若者の居場所／週3日) ●講演会(不定期) ●地域イベント(住民と交流／不定期)など
Y会	2006年	Cさん(女・40代・学習塾経営)	「不登校」をテーマとする市民メディア(1998〜2006年)	●フリースペース(3〜10人／週2日) ●通信『Y』発行(隔月刊) ●「不登校・ひきこもりを語る会」開催(隔月)など
Z会	2006年	Dさん(男・60代・元会社員) Eさん(女・50代・学習塾経営)	「不登校」親の会(1999年設立)	●親の会(10人／月1回) ●音楽会・写真展・収穫祭などのイベント開催(不定期) ●家庭訪問(3家族／20日に1回)など

分析・考察を進めていく。

　4つの会が実際にどんな支援を行っているのか，その詳細については，表1を参照されたい。一見して，そこには緩やかな共通構造のようなものが見出せる。そこでまずは，その共通構造を抽出し，

親の会による支援活動の基本的なありかたとして素描する[3]。

　4つの会に共通するのは，世話役となる個人がいて，その人を中心に活動が行われているということである。どの会においても，この世話役が，会の展開するさまざまな活動の主宰者となり，責任者となっている。彼／彼女らはその連絡先を公開し，「不登校・ひきこもり」等の悩みごとの相談を日常的に受けつけている。そこに悩みを抱える親がアクセスしてくる，というのが支援の始まりの基本的な光景である。

　世話役たちは，どの会においても，「不登校・ひきこもり」等の問題に悩む親たちが集い，互いの思いを語り合えるような交流の場を設けている。これが親の会の定例会である。「家族交流会」「家族会」「親の会」と呼び名はさまざまだが，月1回程度の頻度で開催され，毎回10人程度の参加者があるという点で共通している。相談を受け，世話役たちがまず行うのは，彼／彼女らをこの集まりにつなぐことである。

　一方で，これらの会は，ひきこもっていた当人が参加できる活動の場をも設けている。これが若者の居場所である。「若者の集い」「軽作業」「フリースペース」など，その名目はさまざまだが，排除され孤立の中に置かれてきた当人が人間関係や社会参加などの機会を少しずつ取り戻していくための中間的な足場という位置づけにおいて共通している。

　とはいえ支援活動は，親の会や若者の居場所を開き，孤立を防ぐためのつながりの拠点をつくりだすことだけにとどまらない。「ひきこもりシステム」にはまり込み，孤立する家族や若者に対して，親の会は彼／彼女らからの相談を待つだけでなく，さまざまな形での接点づくりの活動をも行う。「家族教室」「講演会」「家庭訪問」「イベント開催」などはそうした接点づくりの一例である。取り組みが功を奏し，孤立する家族／若者と接点ができると，今度は会が

つくりだした上記のさまざまな活動機会につなげるべく、緩やかな働きかけや誘いかけを行う。これが、親の会の支援活動の基本構造である。

　以上、「不登校」の親の会の活動から派生して生まれた4つの団体の支援活動の概要を見てきた。そこに見られた基本構造——孤立する家族／若者とつながり、彼／彼女らを別の何かにつなげること——を踏まえ、以下では、各団体の世話役たちの語りをもとに、親の会が「ひきこもり」の家族／若者に対し、ネットワーク化という点でどんな支援を行っているのかを明らかにし、その上で、その実践がもつ意味について考察していきたい。

4　「ひきこもり」親の会の家族／若者支援

4.1　家族支援

　親の会の多くが共通して行っているのが、月1回程度の定例会である。先に、近代家族規範への過剰適応が「ひきこもりシステム」を作動させる原動力と述べたが、親の会は、定例会でのやりとりなどを通じて、その親密圏としての機能において、この規範の相対化を試みる。苦悩する親たちは、そこでの緩やかな学習を通じて、自らを縛っていた役割規範——「父親／母親」役割など——を相対化し、「ひきこもり」という問題についても距離をもって捉えることができるようになる。例えば、Bさん（X会）は次のように語っている。

　　B：最初は学校に、あー、戻すことを目的として、私考えたんだけど、これは、娘の問題じゃなく私の捉えかたの問題だなーというふうに。つまり、生きるってどういうことかっていうふうになっていったんだけど、その後。（中略）娘のことなんてどうで

もよくなったんだ，途中から（笑）。あと本人は本人で成長していったもんね。成長だか何だかはわかんないけど，自分の道を歩き始めたんで，私は，娘は娘の人生を行っていいと思ったし，私は私の歩く道を考えたと。

　これは，親の会のさまざまな場面で繰り返し語られるモデル・ストーリーである。こうした語りが模範的とされるような場において，親たちは，それまでまとっていた「保護者」という役割を脱ぎ，役割に還元されない「私」というものを再発見する。「私」になることでようやく，親たちは，「保護者」カテゴリーと密接に連結している「ひきこもり」カテゴリーとの関わりかたを変えることができるようになる。

　そうした役割距離のとりかたの一つに，「不登校・ひきこもり」の話題で「笑う」ということがある。例えば，Bさんは「笑い」をめぐって次のように語っている。

　　B：やっぱり失っちゃってるよね，本気で笑えるっていうのを。うん。そういうのは自分が生きてないから。自分が生きていればさ，心の底から笑えるわけでしょう，何でも。（中略）深刻な顔したって解決するもんでもないし，語弊のある言いかたすっけど，不登校もひきこもりも，笑えばすむことなの，うん。そう思ってる。

ここで語られている「深刻な顔」とは，「保護者」役割とセットになったカテゴリーである。「笑う」ということは，そうした連結をリセットする契機となる。
　また，「笑い」はZ会の活動をめぐる語りにおいても頻出する。そこでは，会に参加する親たちの変化——規範からの離脱——が「笑い」と関連づけて語られている。

第6章 「ひきこもり」の親の会はどのような支援を行っているか

D：何年かしてくると本当に，1年目は笑顔が出なかったのが，2年目から出るようになると本当に，うん。（中略）本当に笑えないんですよ，最初の方は。笑顔が出ない。
E：息子や家族のことを思うと。
D：笑ってこないからじゃないかしらね，ずーっと。やっぱりなかなか。
E：家庭でも笑ったことなんかはもうないのかもしれない。
D：心からこうね，わーっと大きな声で笑うっていうことが，たぶんないんだと思うのね。それが徐々に，会の雰囲気で，笑えるようになってくる。

　これまでの研究では，こうした規範の相対化から親たちの「ひきこもり」に関する認知変容へと議論が進んでいくことが多かったが，ここでは「ひきこもりシステム」解除のもう一方の局面，すなわち，社会との接点の回復の方に進んでいこう。近代家族の規範──子どもの問題は「保護者」が家族内で何とかすべし──から自由になった親たちは，必要な対処資源を自らの家族外に改めて見出していくようになる。
　親の会はこの局面でも力を発揮する。彼／彼女らは，親たちが家族の外部に接点をもてるように，さまざまな対処資源のレパートリーを準備し，そのつながりづくりを支援している。対処資源のレパートリーには，①「ひきこもり」を抱える他の家族，②「ひきこもり」に関連する支援資源，③「ひきこもり」に直接は関係のない非支援資源，④「ひきこもり」の家族が暮らす地域社会，などがある。順に見ていこう。
　第一に，親の会は親たちを「ひきこもり」を抱える他の家族とつなぎ合わせる。その舞台となっているのは主に定例会という場だが，それだけではない。ユニークなのはW会の「家族交流会」である。これは，親たちが互いの家族を訪問し合うという実践である。

A：同じ．そして30代なら30代の息子をもつ家族のお母さんたちが，Fさんたちは，Gさんというふうに，一緒にこう，親のね，訪問をする。そこで親同士が交流してくるっていうふうな形で。（中略）これがけっこう，お互いの家族が仲良くなっていくのに役立っているようですね。（中略）その中で，お母さんたちで，えー，温泉さ行って息抜きしようなんて言って。お母さんたちだけで花見した場合もあります。湯の浜温泉にね，あべーっつって，4人で温泉さ行ってのんびりしてきた（笑）。そういうふうなことなども効果として出てきてる感じで，それが支えになっているようですね。

興味深いのは，こうした親同士の交流が親の会の統制下で行われているわけではないということである。Aさんが「私は常には全然，全部には関わらずに，お互いが勝手に，電話をし合いながらやっている。これはけっこう面白いですね」と語るように，親たちは親の会を通じて同じ課題を抱える他の家族と知り合い，家族を超えた問題解決のためのネットワークやユニットを，自分たちのイニシアチヴのもとで構築していくのである。

もちろんこうした支え合いのネットワークやユニットの構成要素は，同じ問題を抱える家族だけに限られない。そこでは，地域に存在する「ひきこもり」関連の支援資源が重要になってくる。親の会には，行政機関とのつながりや親の会など支援者同士の横のネットワークが存在しているため，当該地域に存在するさまざまな支援資源に関する情報が入ってくる。親の会につながるということは，それらの資源につながるということである。

具体的な支援資源の例として，W会では「保健所」「サポステ」「ボランティア」「インターンシップ」「生活保護」，X会では「発達障害者支援センター」「保健師さん」「医者」，Z会では「特認校」「教育委員会」などがあがった。加えて，これらの会の間では相互

第6章 「ひきこもり」の親の会はどのような支援を行っているか

交流も活発であるため，互いが互いにとって支援資源として機能していた。

また，一見「ひきこもり」への対処に役立つ資源には見えないが，そのように流用されている地域の諸資源が存在する。これが非支援資源であり，例えばZ会が実施している「音楽会」「写真展」などは，世話役のDさんやEさんがつながっている地域のアーティストを招いたイベントである。当然ながら，イベントの開催はその周辺でさまざまな出番をつくりだす。その多くは敷居の低い参加の場である。

> E：受付とかお茶出しとか椅子並べとか，みんなご父兄と一緒にやってるから。打ち上げなんかも来れる人だけだけども，あの，打ち上げに参加して，こう，七日町［筆者注：山形市の繁華街］の夜歩いたのは何十年ぶりだな，とかお母さんから言ってきたりとか。そしたらやっぱり，それが直接結びついたかどうかはわからないけども，息子さんがすごく，今までこんなに長くしてた髪をバッサリ切って，で，畑に手伝いに来てくれるようになったなーっつって。まあそれが，急にではないんだけど，徐々にそういうのはあったんだろうけども，やっぱりお母さんがそうやって外に出て，やっぱり楽しい風を家庭に運んだことで，なったのかなーってはね，ちょっとは思ったり。

このように，地域イベントへの参加を通じて，親たちは「保護者」役割のもとで閉ざしていた社会との接点を再び開いていくようになる。それが親たちに発想や行動の自由をもたらす点は，先に触れたとおりである。

この点では，Y会の実践も興味深い。Y会が開く「フリースペース」では「不登校の人だけとか，ひきこもりの人だけというものは決して目指していない」（Cさん）という考えのもと，さまざまな年齢層やカテゴリーの人びとを受け入れており，異なる問題に悩む人

びととの出会いがある。そこには,「ひきこもり」を経験している若者たちも,息子／娘の「ひきこもり」に悩んでいる親たちも,同じ立場で参加する。支援対象を「不登校・ひきこもり」の若者に限定しない理由に関連して,Cさんは次のように語っている。

> C：最初は不登校だったんですけれど。やっていく中でいろんな人がいろんなことを言っていたり,悩みを話したりする中で,その中には虐待であったりとか,あの,何て言うかなこう,家庭の中の女性の地位の低さとか,そういうのもあったりとか。
> Ｉ：問題はただ,不登校ひきこもりに限られるわけじゃない,と。
> C：ないっていうね。あともう一つ,不登校とかひきこもりの人だけを集めてって,そういう,その,集団って異常な世界かなって気が。（中略）社会ってそうじゃなくて,いろんな年齢の人がいろんな関わりをして,それぞれが成長していくっていう,部分を考えると。
> Ｉ：それぞれ成長っていうのが大事ということですか？
> C：そうですね。その,してあげようっていう人もまあ,中にはいますけど。
> Ｉ：一方的に誰かが,一方的に誰かを,救い上げるとかではない。
> C：そう,不登校とかひきこもりの人たちが一方的に支援をされる人ではないっていう。
> Ｉ：お互いさまで,こう。
> C：そう,お互いに関わり合うとか,お互いに高め合うっていうか。

ここで重要なのは,そこが「お互いに関わり合う」ことのできる場だという点である。そうした場では,悩みを抱えた人びとであっても,自分が誰かの役に立つという経験を得ることが可能である。この意味で,支援を必要としている人というのは,参加した親たちにとってその「成長」を助けてくれる事実上の資源なのである。このことを,Cさんは次のように語っている。

> C：形としての，ケアする場所っていうのではないけど，結果的にケアされてる部分もあるかもしれない。ですが，それを目的にしていないという。
> I：結果としてとか，事実としてケアの機能を果たすってことはあるけど，目的として最初からそのためだけの場ではないってことですね。
> C：ない。ないので専門家は，入れるというふうにはしていない，ですけどね。逆にそういうな，ふうにすると，ケアする人とされる人になっちゃう。だから，ともに参加者なので，来た人はみんな。

 さらに親の会は，地域住民とのつながりを確保することで，「ひきこもり」の親たちを地域に暮らす一般の人びととも出会わせようとする。例えば，X会では，「ビアパーティ」を開いてそこに周辺住民を招いたり，地域の夏祭りで出店を出したりと，その地域に暮らす人びととの接点をつくる取り組みが行われていた。
 このように，親の会は，一見「ひきこもり支援」とは関係なさそうなものまで含め，地域に存在するさまざまな資源とのつながりを模索し，支援資源のネットワークを蜘蛛の巣状にはりめぐらせている。孤立してきた親たちが親の会のもとを訪れるということは，そうしたネットワークの一隅につながるということを意味する。その結果，親たちは，地域に存在するさまざまな危機対処資源にアクセスできるようになり，「ひきこもり」という問題に取り組んでいくための独自の支え合いのネットワークを構成していくようになる。とすれば，親の会は，そうした諸資源と当事者家族との間で選択的媒介者としての役割を果たし，「ひきこもりシステム」の解除に独自の貢献を行っていたと言えるだろう。

4.2 若者支援

　親たちの悩みの根幹が息子／娘の「ひきこもり」にある以上，親の会の取り組みもその当人のありかたに介入し，変容を求めるところにまで及んでいかざるをえない。これが，親の会による若者支援の諸活動である。しかし，親の会では，「ひきこもり」の問題をひきこもっている当人だけの責任とは考えない。例えば，Bさん（X会）は次のように語る。

> B：癒されるってどういうことかっていうと，その，個人的なカウンセリングやお薬も大事かもしれないけど，そういうふうな関わりの他に，社会がそういう人を受け容れるっていう素地をつくっていかないと。(中略) 社会が受け容れる環境になっていかないと，やっぱり孤立は続くのかなっていうふうな考えなんです。うん。だから両方必要。
> I：なるほど。社会の中で，居場所づくりじゃないですけど，その，そういうものをと。要するに，一回傷を受けて，その傷を回復したところで，また同じ社会に戻っていったら，また同じ傷を受けるんじゃないかと。だから社会そのものが，そういう傷を与えないしくみをつくんなきゃということですよね。
> B：例えば，傷は受けるのよ，やっぱり人間関係の中では。だけどそれを癒す，癒すっていう言葉はあんまり好きでないんだけど，回復させる，回復させるもおかしいな，えーとね，回復できるようなしくみがあるのも社会でないといけないのではないかと思って。人間って傷つかないで成長するって本当に難しいと思うのね。だけど，傷ついてもいいんだっていうふうな社会があれば，傷ついても大丈夫なのよ。

　ここでは，「ひきこもり」という「傷」を誰もが被り得る以上，その対処責任は当人や家族ではなく，社会や地域の側にあると捉えられている。だからこそ，問題への手当ては，ひきこもる若者とそ

第6章 「ひきこもり」の親の会はどのような支援を行っているか

の家族を取り巻く「環境」に照準して行われなくてはならないということになる。この点で，親の会がまず行っているのは，地域における若者たちの居場所づくりである。居場所とは，彼／彼女らが関わることのできる家族外のつながり，地域の中で彼／彼女らが足を踏み入れることのできる足場のことである。

そうした居場所を，親の会はさまざまな形でつくり出している。例えば，W会の「若者の集い」や「軽作業」，X会の「X広場」などのように，「ひきこもり」の若者たちだけが参加できるよう設計されている居場所もあれば，Y会の「フリースペース」，Z会の「音楽会」「写真展」などのように，「ひきこもり」というカテゴリーに参加者を限定せず，多様な人びとが集まることを意図している居場所もある。それぞれの居場所は相互にゆるやかにつながり合っており，複数の居場所を並行して利用する若者たちも存在する。

とはいえ，「ひきこもり」の若者たちの困難が，社会的孤立——自力で外部につながりをもてないということ——に関わるものである以上，そうした家族外の活動の場を準備するというだけで親の会の支援が完結するわけではない。そこでは，孤立する若者たちのもとに出向き，居場所への参加を誘いかける「家庭訪問」の活動もまた行われている。

これがアウトリーチである。「ひきこもり」へのアウトリーチに関しては，親子間の膠着化したコミュニケーションを，他者性や偶発性の挿入によって攪乱し，何らかの動きを誘発すること，そしてその動きを居場所へとつなげていくことが意図された活動，との指摘がある（中村・堀口 2008）。こうした構図は，本章の事例にも基本的にはあてはまる。

ただし，地方で活動する小規模な親の会の事例を丁寧に見ていくと，先行研究が参照する大都市圏の支援団体の方法とは異なるありかたが模索されていることがわかる。大都市圏の支援団体，例え

ば，青少年自立援助センター（東京都福生市）やニュースタート事務局（千葉県市川市）などの場合，アウトリーチによって外に連れ出されてきた若者たちが安心して両足をのせることのできる居場所を安定的かつ恒常的に提供している。しかしながら，地方の親の会が準備する居場所の場合，その多くは専従スタッフを抱える経済的余裕があるわけでもないため，そうした安定性や恒常性，完結性は期待できない。では，彼／彼女らはどんな工夫をしているのだろうか。

　事例から見えてくるのは，単一の安定的で恒常的な居場所が断念されているゆえにこそ，かえって自由に，さまざまな形態をとる複数の居場所づくりが行われているということである。このことは，常設の居場所をもたないW会——Aさんは自団体を「私たちの団体はホームレスの団体で（笑）」と語る——に顕著である。そこでは，ひきこもっていた若者たちの家族外の足場として，「若者の集い」や「軽作業」など複数の居場所が準備されているほか，対面での活動に顔を出せない若者たち向けの参加機会も準備されている。

　　A：家からそこの場所には出てこれないけれども，つながりたいっていう若者のために，えー，『ヤングW』っていう情報誌の発行をしてるんです。（中略）その情報誌には，あの，みなさんからのお便りという形で，あの，ペンネーム出しながら写真だとか文章だとか，あと，カラオケに行った様子とか出しながら，いま家にいる若者ともこう，つながっていく。これを通してあのー，若者とつながりをつけていく。

このように，W会では，家から出られない状態と家族外に居場所をもっている状態の間に，中間的な足場，スモールステップ——「小さな居場所」——を準備している。目指されているのは，それらをゆるやかに連接させることで，家族から居場所へのスロープ状の移行の階梯を構築していくことである。

第6章 「ひきこもり」の親の会はどのような支援を行っているか

> A：ボランティア活動に参加したり，若者の会に参加したり，軽作業に参加したり，『W』に投稿したり，第三者と面談したり，コンビニに行くっていう，そういう，まあ社会活動につながり始めてるっていうのから，全然できないっていうのまで，七段階ぐらいあって。（中略）そういう人みんな合わせて，W会の若者支援っていう形で。

こうした，地方の親の会の支援活動の文脈を背景にした場合，そこで実践されているアウトリーチの意味も少し変わってくる。ときに「引き出し屋」などと呼ばれ，自力で家から出られない若者たちを強引に家の外に引っぱり出すというイメージで語られがちなアウトリーチの活動だが，Aさんによれば，W会での「家庭訪問」は「引き出す」ことではなく「つながる」ことを目的とする活動だという。ニュースタート事務局の「レンタルお姉さん」[4]との差異を訊かれて，Aさんは次のように語っている。

> A：あそこはほら，引き出してくるのを仕事にしてやってるでしょ？　あの「レンタルお姉さん」ていうのは。ところが私がたは，引き出してっていうよりも，そこに触れ合っている中で，こう，少しずつ何らかの変化を期待しているっていう点で，結果的には引き出すというよりも，こう，つながるというところのほうを大事にしてるっていうかな。（中略）私がた訪問しても，来るところがないわけだから（笑）。

「引き出し」ではなく「つながり」が目指されているということは，ひきこもったままでの社会参加というものが想定され，肯定されているということである。先に見た情報誌『W』は，そうした「つながり」を可視化し，物的基盤を与えてくれるツールであった。「つながり」を重視する根拠を，Aさんは次のように語っている。

A：非常にこう，ぬるま湯みたいな感じになってるかもしれませんけども，俺はそれでもいいんじゃないかな，って思って。一つは年齢的に高いってこともあって。年齢的に低くて，まだ20代の前半とかだったらね，ちょっと強引に引き出しても，そんなに傷が。こう，失敗してね，何ていうかな，回復力っていうか，年齢高くなってしまうと，一回あるとかなり傷ついてしまいますから，そこから強引に引き出すっていうのは無理なんじゃないかっていう思いが一つあって。彼らと向き合ってきて。

　やはりここでも，重視されていたのはスモールステップ，すなわち，大きな変化ではなく，小さな変化だった。前提にあるのは，地方ならではの資源の少なさだろう。限りある資源の範囲内で，積極的な改善を目指すというよりは，これ以上悪化しないよう歯止めをきかせながら，少しずつ変容を促していくこと。換言するなら，日常性や自然さと地続きの変化がそこでは要請されている。「小さな居場所」を含め，多種多様な居場所を地域の中で発掘・創出し，それらへと孤立の中にある若者たちを媒介するという支援のスタイルは，そうした要請に親の会が応えた結果の産物と言えるだろう。

　まとめよう。前項で見たように，親の会は，地域に存在するさまざまな危機対処資源と選択的につながることで，親たちに対し，家族の危機に対処していくための独自の支え合いのネットワークを提供していた。同時に親の会は，「家庭訪問」を通じて，そうした諸資源をひきこもっている当人に対しても選択的に媒介し，「ひきこもりシステム」の解除に独自の貢献を行っていた。若者たちは，親の会につながることで，支援資源のネットワークに媒介され，必要な足場の獲得が可能となっていた。

5 支援を通じて何が達成されているか

「ひきこもり」を抱える家族は、親の会の助力を得ることで、地域のさまざまな資源とネットワーク状につながり、それらを必要に応じて自在に組み合わせ、ニーズに合致した支え合いのユニットを自前で構築して問題に対応するようになっていた。だとすると、親の会が行っていたのは、個々の家族がそうした「家族マネジメント」に踏み出しやすくなるようなインフラの提供だと言うことができるだろう。あくまでそこでは、個々の家族や若者たちの自律性が前提とされている。彼／彼女らの自律を支え促すことこそが親の会の役割である、という認識は、Bさん（X会）の次の語りに明らかである。

> B：この前は、あの、パン屋さんすっべって言ったんよ。職場つくりたいのよ。若者が自立していけるような。（中略）んで、やんねがって言ったのよ。そしたら、Bさんすればするって言うの。それは違うんじゃないかって言って、やーめたって言ったんだけど。（中略）私はできるのな、あの、リスクを覚悟で、事業者だから。だからする気ならできるの。だけど。すごくいいアイディアなのよ、私の中では。売り場所も決まってるし、つくりさえすれば売れるから、そういう自信はあるわけだ。だけど、Bさんしたらするってその考えだけはさ、私賛同できない。
> I：つまり自律してないっていうことですよね、リスクをとってない。
> B：そうそう。俺するからBさん協力してくれっていうんだったら、おう協力するって言うのよ。そこなんだ問題は。うん。みんなおんぶにだっこの考えではだめだべしたね。

支援を受ける人びととの自律を支え促すような支援とは、彼／彼女

らのニーズ全てにつきあい，応えるような強い支援ではない。そうしたやりかたからは自律の契機は生まれてこないだろう。模索されているのは，それら全てを満たさず，であるがゆえに彼／彼女ら自身の自助や自律を誘発するような支援のありかたである。これを弱い支援と呼んでみたい。

　再び親の会の人びとの語りを引こう。Cさん（Y会）は，筆者の「なぜ居場所を常時開放しないのか」との問いに，次のように答えている。

　　C：それは，うーん，この活動をするということ自体が，うーんと，私自身の居場所づくりであるので，だから自分の都合を最優先に（笑）っていう。
　　I：どっかの誰かのために何かしてあげるための居場所づくりってことではなくて，まず自分がとか，自分たちが，っていうスタンスが大きいということですよね。
　　C：そうです。はい。で，頑張らないでやるっていうのが一番の。
　　I：頑張らないでやるっていうのは，もうちょっと具体的にいうと？
　　C：毎日開けたほうがいいから何とかやりくりして毎日開けるとか，土日も開けるとか，そういう，こう，無理をしない。自分のできる範囲で，経済的な面とか時間的な面で。

居場所を毎日開けないということは，言い換えると，開いていない日に何か別のことに取り組んだり，別のつながりを模索したりする余地を人びとに残しているということでもある。そこにあるのは，個々の家族や若者の自律性を損なってしまわないよう，あえてニーズに完全対応することを差し控えるような態度であり姿勢なのであった。

　こうした弱い支援のありかたは，重層的な形で成立している。第

一にそれは、「ひきこもり」を抱える親たちが問題を抱えている当人を直接支援する際、当人の自律性を損なわないようにするための方法として推奨されていたものであった。そして第二に、そうした親たちの支援実践にインフラを提供していたのが親の会であったわけだが、そこでもまた、大きな変化を求めたり強く方向づけたりするのではない、相手を自助や自律へと誘うような弱い支援が求められていた。言うなれば、親の会のもとでは、弱い支援を行う親たちをさらに弱く支援していくような支援のありかたが模索されているのだった。ここで発達している入れ子構造は、実践主体の自律性を損なわないための工夫である。

6　おわりに

親の会が行う支援活動について、本章では主にその長所に焦点をあてて検討してきたが、一方でそこにはさまざまな課題もある。例えば、親の会は——とりわけ地方における小規模なそれは——それぞれにつながっている資源に偏りがあったり、持続可能性という点で不安定であったりする。会の中心となっている世話役の個人的な問題意識や関係資源を基盤とした活動であるため、こうした諸課題はある意味仕方のないものである。それらを前提として、その上でどうするかを考えていくほかない。となれば必要なのは、親の会がそうした諸課題に取り組んでいくことを支えるインフラを何らかの形で提供していくような、さらなる親の会支援の実践だということになるだろう[5]。

親たちの支援実践を支えることに取り組む支援者としての親の会の活動を支援していくこと。それは、弱い支援を行う人びとを弱く支援している各地の活動を、さらに弱く支援していくことである。では、「親の会の活動を支援する」とは一体どういうことか。そし

てそれには何が必要か。「ひきこもり」という困難を抱える家族／若者を支援する人びとの裾野を拡げていくためにも，この問題を明らかにしていくことが今後の課題となろう。

注
1) 調査結果は，地域の「不登校・ひきこもり」関係者向けの支援資源ガイドブック（A5 判，128 頁）としてまとめ，公刊した（ぷらっとほーむ編 2009）。ウェブ版のURL はhttp://www11.plala.or.jp/plathome/guidebook/。なおこの調査は，独立行政法人福祉医療機構「長寿・子育て・障害者基金」助成事業（平成 20 年度）の資金協力を得て実施された。
2) 上述の 12 団体のうち 7 団体の関係者は「不登校親の会山形県ネットワーク」（1999 年設立）という任意団体に属していた。90 年代は，県内各地に「不登校」の親の会が林立し，それぞれが地域で独自に活動していたが，やがてそれらが横につながり，事務局を構え，「不登校」関連情報の共有や発信，フリースクールの開設準備などを行うようになっていく。これが上記ネットワークの活動である。しばらくは「不登校」を共通の関心に活動が続いたが，2003 年頃から徐々に，参加している親たちの問題意識が「ひきこもり」へとシフトしていき，親の会もその名称を「不登校」の親の会から「ひきこもり」の親の会へと看板替えしていく。本章で扱う 4 つの支援団体はどれもこの時期に再スタートしている。
3) 厳密には，Y 会は「ひきこもり」の親の会とは言えないかもしれないが，活動の文脈や支援の考えかたにおいて他の 3 つの親の会と支援文化を共有している。その意味で，分析・検討の対象となると判断した。
4) NPO 法人ニュースタート事務局が実施する訪問支援の女性スタッフのこと。男性スタッフは「レンタルお兄さん」。ニュースタート事務局の活動については，次のルポルタージュを参照。荒川（2004, 2006）。
5) このインフラ提供にあたる取り組みを，2014 年 6 月より山形県若者支援・男女共同参画課が開始している。県内 6 か所に「若者相談支援拠点」を設置し，その運営を各地域で活動する支援団体に業務委託するというもので，2017 年 9 月現在，本章でとりあげた 4 団体ではW 会とX 会がこれを受託し，その委託料を活動資金にあてながら支援を継続している。この山形県「若者

相談支援拠点」の取り組みについては，稿を改めて検討したい。一方でY会は，現在なおそうした行政によるインフラ提供を受けずに活動を続けている。Z会もまた，調査時点以降どこからも補助金等を受け取ることなく自力で支援活動を続けてきたが，世話役のDさんが亡くなられたことで，2015年をもって解散となった。支援活動にご尽力されたDさんのご冥福を，心よりお祈りいたします。

参照文献

荒川龍, 2004,『「引きこもり」から「社会」へ——それぞれのニュースタート』学陽書房.

————, 2006,『レンタルお姉さん』東洋経済新報社.

浅田［梶原］彩子, 2008,「ひきこもりを抱える家族の実態とその支援」『家政学研究』55 (1) : 34-43.

————, 2010,「ひきこもり家族会と家族の認知変容」『奈良女子大学社会学論集』17: 189-207.

川北稔, 2004,「引きこもり親の会の組織戦略——『親が変わる』という解決策の選択」『現代の社会病理』19: 77-92.

三浦展, 1999,『「家族」と「幸福」の戦後史——郊外の夢と現実』講談社現代新書.

宮崎隆志, 2008,「家族の危機と協同的支援ネットワークの課題」『子ども発達臨床研究』2: 21-34.

中村好孝・堀口佐知子, 2008,「訪問・居場所・就労支援——『ひきこもり』経験者への支援方法」荻野達史・川北稔・工藤宏司・高山龍太郎編『「ひきこもり」への社会学的アプローチ——メディア・当事者・支援活動』ミネルヴァ書房.

落合恵美子, 2004,『21世紀家族へ——家族の戦後体制の見かた・超えかた（第3版）』有斐閣.

ぷらっとほーむ編, 2009,『居場所の歩きかた——やまがた「不登校・ひきこもり」支援NPOガイドブック』ぷらっとほーむ.

齋藤純一, 2000,『公共性』岩波書店.

斎藤環, 1998,『社会的ひきこもり——終わらない思春期』PHP新書.

千田有紀, 2011,『日本型近代家族――どこから来てどこへ行くのか』勁草書房.

第7章 「ひきこもり」をめぐる家族の経験
――複合的自叙伝によるアプローチ

石川良子

1 はじめに

　家族のなかの誰か（多くの場合は「子ども」に位置する）が，ひきこもったり学校に通えなくなったりする。この出来事を経験するのは本人だけではない。親や兄弟姉妹など各々の立ち位置から，その出来事は経験される。本章では，ある一家が「ひきこもり」という出来事をどのように経験したのか，インタビューをもとに描くことを試みる。

　本章の主役は，東京都内に暮らす岩井さん一家である（全て仮名）。娘の美帆さんが10代のときに不登校と「ひきこもり」を経験している。最初に知り合ったのは父親の修さんで，東京都の調査で私がヒアリングを担当したのがきっかけである。朗らかな語り口に惹かれて個人的に交流を続け，修さんがどういう人物なのかもっと知りたいと思い，妻の美代子さんを紹介してもらった。そして，修さん個人に留まらず岩井さん一家全体に強い関心を持つようになり，娘の美帆さん（結婚して古川姓）にも話を聴かせてもらうことにした。「うちはオープンな家族だ」という修さんの言葉通り，お二方とも快くインタビューを引き受けてくれた。息子の憲司さんには残念ながらお会いできていない。

　岩井さん一家の物語を描くにあたり，本章では「複合的自叙伝」を採用する。これは人類学者の O. ルイスがメキシコの貧困家族の

研究で用いた方法である。複数の家族成員に語ってもらった個々のライフストーリーを並列することで，家族全体や生活についての「累積的，多面的で，パノラマ的な展望」が得られるとされる（Lewis 1966=1969: vii）。小林多寿子によれば，「出来事は個人によって個性化されて経験されている。だから，たがいの語りを重ね合わせると，語りのなかの整合しない側面があきらになるが，共通なところと不整合なところの両方を合わせて，多面的な出来事の全体」を浮かび上がらせることができる（小林 1994: 79）。そして，読者は並列されたライフストーリーを通読することにより，語りの整合性からは「出来事の確からしさ」を，不整合性からは「経験の主観性と独自性」を認識することになるという（小林 2012: 119）。

本章でも修さん，美代子さん，美帆さんの順にライフストーリーを提示し，美帆さんが学校に通えなくなるという「同じ出来事」を，各々がどのように経験したのかという「多面性」を明らかにしたい[1]。ただし，議論の先取りになるが，かれらの語ったストーリーは不整合性に比べて整合性が圧倒的に高い。重複するエピソードが多く，その意味づけもおおむね一致している。読者には単なる繰り返しとして冗長に感じられるかもしれないが，本章ではこの整合性を「出来事の確からしさ」を裏づけるものとしてではなく，3人がどのような関係性を築いてきたのかを探る手がかりとして位置づけ，最終節において整合性の高さから読み取れることを述べたい。

表1 インタビュー協力者一覧

氏名	続柄	生年（調査時の年齢）	インタビュー日時	現在の同居家族
岩井修	父	1946年（63／66歳）	2009.1.13／2012.9.7	同居
岩井美代子	母	1950年（59歳）	2009.12.1／同12.13	
岩井憲司	長男	1973年（―）	―	妻・子
古川美帆	長女	1977年（32歳）	2010.1.15／同2.19	夫・子

インタビューでは生活史を全体的に聞き取るように努めたが、以下では美帆さんが結婚して家を離れるまでの時期を中心に描く。また、インタビューを再構成するにあたって、それぞれのインタビューを相互には引用・参照していない。

2　父親の物語

　岩井修さんは、1946年に静岡県西部の農村部で10人きょうだいの末っ子として生まれた。教育熱心な両親のもとで育ち、地元の高校を卒業したあとは名古屋での浪人生活を経て、京都の私立大学に進学した。大学卒業後は医療品メーカーに就職し、入社1年後に本社研修で知り合った美代子さんと結婚。数年おきの転勤ごとに皆で引っ越していたが、40代に入って東京都内にマンションを購入してからは単身赴任するようになった。

　50代半ばに差しかかる頃、職場でのパワハラに耐えかねて転職。その会社で定年を迎えた後も3年ほど嘱託社員として勤めた。東京都の調査を通じて修さんと知り合ったのは、ちょうどこの頃である。親の会のほか町内会など地域の様々な活動に積極的に参加し、職場を離れてからも忙しく過ごしているようだった。

　これまでの経緯を振り返るなかで、修さんはこう語った。

　　娘をきっかけに自分自身を見つめなおして、自分の生き方を少しずつ、新しい生き方を探して、見つけてきたんです。

　かつての修さんは「仕事人間」で、夜は飲み歩いて休日もゴルフに出かけるなど「遊びほうけて家なんか顧みなかった」。しかも、遊び相手は「会社の仲間」ばかりで職場以外の人間関係はほとんどなかった。そういう自分を見つめ直す「きっかけ」になったのが、

美帆さんの不登校だというのだ。修さんはどういうふうに「新しい生き方」を模索してきたのだろうか。以下では，おもに修さんが変化していった過程に焦点を当てる。

2.1　強迫神経症の発症——中学卒業まで

　美帆さんは12歳のときに強迫神経症を発症し，学校に通うのが難しくなっていった。マンションを購入して約3〜4年後，修さんが40代半ばを過ぎた頃のことである。ずいぶん後になって引っ越しが原因でいじめに遭っていたことを知ったが，当時は美帆さんが何を思い詰めているのか見当もつかなかった。それは美代子さんも同じだったという。しかし，このとき修さんは単身赴任中だったので十分に話し合うこともなく，学校を休ませるという美代子さんの決断を「受け入れるっていう形」になった。当時の心境を尋ねてみると，次のような答えが返ってきた。

　　　自分にとって，もう全然理解できないことじゃないですか。それと，この子の将来もあるし，結局自分にとってはものすごく都合が悪いわけですよ。世間体もあるしね。そういう自分の目線からしか見てなかったんだね，要はね。そういった自分に対する不安をものすごく感じてた。子どものことはあんまり考えてない，自分の不安ですね。

　しかし，その一方で美帆さんが苦しむ姿は「強烈」で，仕事に没頭しているときも，酔っぱらっているときも，頭に「こびりついて」離れなかった。美帆さんは夜通し教科書をめくって学校で何か入れられていないか調べ続け，隣の部屋から「さらっさらっと音がする」ので「眠れやしない」。一番ひどい時期には「風が怖い」と言って家中のカーテンを閉め切り，単身赴任中にたまに帰宅しても気が休まらない。それまで家庭のことは美代子さんにまかせきりに

第7章 「ひきこもり」をめぐる家族の経験

していた修さんだが，事態の深刻さを感じ，美代子さんと一緒に不登校児の親のための合宿に参加することにした。

　それを機に，前述のような自分本位の見方も変化していったという。正確な時期は分からないが，話の流れからすると，美帆さんが学校に通えなくなってから1年くらいの頃だと思われる。この合宿には全国各地から多くの親が集まってきていたが，聞こえてくるのは離婚や家庭内暴力といった話ばかりで，「喜びとか楽しみとかそういう話」は「一切」なかった。そのことに修さんは大きなショックを受けながらも，同時に「ちょっと光が見えた」と語る。子どもが学校に通えず苦しんでいるのは「うちだけじゃないし。…そんな焦ることないじゃないの？」と思えたのだ。

　それからは美帆さんに「あんまりどうこう言わなく」なったという。ただし，合宿に参加してから「ずいぶん僕も変わってきた」というのは修さん自身の評価であって，どうやら美帆さんにはそう見えていなかったようだ。今でも美帆さんに，この合宿から数年経った後でもまだ自分のことを理解してくれていなかった，と時折言われるそうだ。

　そうやって，今でこそ自分の気持ちや不満を修さんにぶつけてくる美帆さんだが，そうなるまでにはかなり時間がかかったようである。いじめのことを「告白」されたのも，20代半ばを過ぎてからだという。ここには自分の乱暴な態度が関わっていると修さんは考えている。というのも，かつての修さんは「世間の価値観で，何でこんなことできないの，何で言うこと聞かないの」と怒り，言うことを聞かなければ「ポーンって蹴って無理矢理やらせ」るような父親だったからだ。

　勉強や習い事を無理強いしたり，いい子であることを求めたりするのは「世間の人ほどじゃなかった」ものの，「人に迷惑をかける」ことだけはしないように厳しくしつけていた。ただし，それも「子

173

どものことは考えてない」で,「こっちが困るから」という気持ちのほうが強かったという。一方,兄の憲司さんは「願望だの何だの表に出すほう」だった。これに対して,美帆さんは「全部自分で抱え込んじゃうタイプ」だったため,萎縮させて強迫神経症になるまで追い詰めてしまったのではないか。今思えば「ずいぶんアホなことしたな」と,「反省」しているそうだ。しかし,何でも口に出せるようになった「今はもう大丈夫」だろう,とも修さんは語っていた。

　修さんはインタビューの間に何度も「理解は持ってたつもり」や「ほんとに分かるっていうのは無理」といった言葉を口にしており,いまだに美帆さんの気持ちを受け止めようと努力し続けていることがうかがえた。では,息子の憲司さんに対してはどうだったのか。合宿に参加してからは,きょうだい喧嘩が起きれば憲司さんのほうを「必ず」怒るようになり,憲司さんが大学受験前に神経質になって美帆さんに手を上げそうになったときも,「お前以上に無茶苦茶苦しんでるんだからっていうことで理解しろ」と諭したそうだ。憲司さんは「何もしないで止ま」ったというが,いつも妹の味方をする父親に何を感じていたのか,気になるところではある。

　さて,投薬治療と並行してカウンセリングを受けたり,自律訓練法を覚えたりしながら,美帆さんの状態は「少しずつ少しずつ良くなって」いった。中学の後半ぐらいからは,美帆さんが自分で習い事を見つけてくるようになったので,修さんはそのたびにお金を出してあげた。短期間ではあったが,子役の養成劇団に通ったこともある。美帆さんは高校には通えなかったものの,習い事には通い続けることができた。そして,美帆さんはあるプロジェクトに参加することになる。

2.2 イタリアでのホームステイから結婚まで

　そのプロジェクトとは，人間関係に馴染めない若者を対象に，イタリアの農場での 45 日間の共同生活を通して，社会や他人とのつながりの再構築を目指すものである。新聞で参加者を募集していることを知り，美帆さんが行きたいと言うので，修さんも説明会に付き添った。美帆さんは無事にメンバーに選ばれ，最終的には彼女を含め 10 〜 20 代の男女 7 名がイタリアに行くことに決まった。美帆さんが「16 歳か 17 歳の春」のことだ。

　滞在先は日本人男性とイタリア人女性の夫婦が経営する農場で，カウンセラーが同行するなどサポート体制は整っていた。毎週届くニュースレターや，親向けの見学ツアーにひとりで参加した美代子さんの話から，現地での様子を知ることができた。それでも，成田空港で美帆さんと久々に顔を合わせたときには驚いてしまったという。このときのことは「今でも忘れられない」そうだ。「行くときはもう，ほとんど死んだような顔」をしていたのが，「帰ったときの目の輝きっていうのはすっばらしかったですよ」と，修さんは嬉しそうに語った。そして，力を込めて繰り返した。「もう，めっちゃくちゃ輝いてたんですよ！」。

　このときの経験は美帆さんに「自信」を与えたといい，帰国後も「決して順風満帆ってわけでは」なかったが，「ある程度自立できるようになって」いった。イタリアでのホームステイは美帆さんにとっての転機と言えるが，修さん自身にとっても大きな転機となったようである。このことは次項で改めて取り上げる。

　イタリアでの仲間と交流を続けながらアルバイトも始めるなど，美帆さんが前向きに日々を過ごすなか，広島への転勤が決まった。このときは東京に子どもたちを残して，美代子さんも半年遅れで広島へと移った。そして，それから 1 年も経たないうちに，今度は美帆さんが秋田で暮らすことになった。結婚するためである。相手は，

友人と一緒に泊まりに行った農家民宿の息子だった。話を聞かされたときのことを，修さんに尋ねてみた。

 Io：あぁ～，いやそれはびっくりしましたよね。
 I：そうですよね。反対とかはなさらなかった。
 Io：（直前の私の言葉が終わらないうちに重ねて）いやぁ，全然しなかったですよ。もう，あのぉーー…ダンナになる人が，まあね，義理の息子だけども，ちゃんと来て，〔結婚させて〕くださいってことになったんで。
 I：うんうんうん。びっくりしたけど，心配は心配だけど。
 Io：そりゃぁ20歳だから心配ですよね。ふふふっ。

結婚が決まったのはイタリアから帰国して約1年後，美帆さんは20歳になったばかりだった。しかし，「びっくり」はしたけれども，反対は「全然しなかった」と修さんは語る。このときには強迫神経症もだいぶ良くなり，薬も必要なくなっていたそうだ。こうして美帆さんは秋田に移り住み，数年後には女の子を出産した。今は東京に戻っており，修さんたちのマンションから歩いて行けるくらいのところに，夫と娘と3人で暮らしている。

長年ひきこもっていた人で，恋愛や結婚に対して難しさを感じている人は多いのではないか。そう投げかけたところ，修さんは笑顔で次のように応じた。

 現実，そういうね，できるわけなんですよ。そういうところを僕はどんどん発信していきたいですね。夢を持ってもらいたいんで。

2.3　娘の不登校を通じた修さんの変化

修さんは自分の人生で転機となった出来事をいくつか語ってくれたが，そのなかで最も大きな影響を及ぼしたと思われるのは，イタ

第7章 「ひきこもり」をめぐる家族の経験

リアのホームステイ先のホストファーザーであるMさんとの出会いだ。この出会いには強い思い入れがあるようで，Mさんの話題になると，終始和やかな笑みを浮かべていた修さんの顔が，いっそう綻んだ。思わず「Mさんの話をするとき，すっごく嬉しそうな顔をしますね」と言うと，修さんは「それは無茶苦茶，僕の人生にとって大きな存在だからねぇ」と愉快そうに笑った。

　Mさんはイタリア人の妻とともに農場を経営する傍ら，各国の子どもを養子に迎え，やがて不登校児やひきこもっている若者も受け入れるようになった人物である。Mさんが来日したときは，いつも親だけでパーティーを開き，皆で集まるのが本当に楽しかったという。そうしたなかで修さんは，Mさんに次のような問いを突きつけられた。

> あんた，あんたそれでいいのかと。会社人間で終わっていいのかって言うわけですよ。もっと違う人生があるだろうと。…つまり，この価値観は，この，自分の世界はこれだけじゃないんじゃない？　もっといろんな世界があっていいんじゃない？　…もっと社会にもっと目を広げていったらどうかって，自分の生き方そのものをね？　仕事だけじゃなくて。

修さんがイタリアを訪ねたときも，Mさんは「こんな新しい世界があるじゃないか」と「折に触れて」声をかけてくれた。そうした働きかけがあって，修さんは自分の「お付き合いしてる世界」が「会社関係」に限られており，たとえば「地域」など他のつながりが一切ないことに初めて気づいたという。こうして修さんは「仕事と全く違う世界」との接点を求め，転勤先の広島にイタリアのプロジェクトを通じて知り合った夫婦2組が住んでいたこともあって，美代子さんと一緒に親の会を始めることになる。

　さらに，美帆さんの不登校を通して夫婦関係も大きく変化したよ

うだ。美帆さんを受け入れられるようになったのは「女房のおかげだ」と，修さんは明言していた。美帆さんが学校に通えなくなってから，美代子さんは様々なところに足を運び，自分でもカウンセリングを勉強するなどしていた。そして，修さんに自分の学んだことを伝えたり，親の会に連れて行ったりしていた。

　また，修さんは子どものことを周囲に「オープン」にしていくことが大切だと繰り返していたが，これも美代子さんから学んだそうだ。ひとりで問題を抱え込まないようにするため，美代子さんは早い時期から友人たちに「相談ていう形でオープン」にしていた。そして，修さんもそれに「触発」されて，職場で美帆さんのことを「オープン」にするようになった。そのおかげでいろいろな意見を聞けるようになり，凝り固まらずに「いろんなことが見えるように」なった。だからこそ，自分たちで親の会を立ち上げるような「余裕」も生まれたのだという。さらに，こうした態度は，仕事にも良い影響をもたらした。仕事先で家庭の問題を話すことは，ともすれば相手に「弱み」を握られることになりかねないが，逆に，何でも率直に話すことが信頼の獲得につながったという。

　かつて「仕事人間」だったときは，妻とは「自分のもの」であって，「俺が稼いでいる」のだから「俺の言うことに従って当たり前」だと思っていたそうだ。しかし，それは大きな間違いで，「自分が外で働けるのも，妻がちゃんといるから」だと，今では考えている。美代子さんに「教えられた」とか「叱られた」といった言葉がインタビューの随所で聞かれ，修さんが妻に対して感謝や尊敬の念を抱いていることが伝わってきた。

　また，美代子さんは自分と「対等」な存在だと言い切る場面もあった。美帆さんの不登校をきっかけに美代子さんと２人で話す機会が増えて彼女の思いに触れるようになり，またMさんとの出会いを通して会社以外の世界に目が向くようになって，修さんは改めて

美代子さんを「パートナー」として認めることができたのかもしれない。広島に転勤するときにも「最後は夫婦なんだ」という思いから，美代子さんに「一緒に行こう」と話したそうだ。

　美帆さんの不登校は，修さんに多くのものをもたらした。その実感が本節冒頭の語りにつながっているのだろう。修さんが親の会で活動しているのは，子どもをどうにかするためではない。美帆さん本人にも「俺の生きがいなんだからってはっきり言っ」ている。「娘をきっかけに色んな輪が広がっていくじゃないですか。これが楽しいんですよ」と，心底嬉しそうに修さんは笑った。

3　母親の物語

　岩井美代子さんは1950年生まれ。4歳のときに生まれ故郷の岩手を離れ，父親の実家がある埼玉に移った。舅姑に加えて小姑との同居生活に苦労していた母親を，美代子さんは幼いうちから懸命に支えた。だが，その負担は大きく，美代子さんは高校卒業と同時に実家を出ることを選んだ。そして，仕事の都合で別居していた父親のもとから短大に通い，卒業後は東京都内の企業に就職した。22歳のとき，修さんとの職場結婚を機に退職。転勤のため引っ越しを繰り返し，その先々で友人を作った。

　都内にマンションを購入してからは修さんが単身で赴任していたが，50歳の頃，子どもを東京に残して広島への転勤に同行。そこで親の会を立ち上げてからは相談を受ける側に回り，修さんが現在役員を務めている「ひきこもり」の会では，電話相談を担当していたこともある。50代半ばを過ぎてから約1年半にわたってC型肝炎の治療に専念し，修さんの協力もあって無事に回復した。インタビューを行なった当時は子育て支援にシフトしており，地元の施設を中心に活躍していた。ほかにも老人ホームへの慰問，埼玉に暮ら

す母親の介護などで忙しく過ごしているようだった。

　「結局は夫婦の問題だと思います」。美代子さんは初回インタビューの冒頭で，はっきりした調子でこう語った。調査の趣旨を説明するなかで，娘を通して家族や夫婦関係，ひいては自分自身の人生を見直してきたという修さんの語りに惹かれた，と私が伝えた際の一言である。加えて，美帆さんの病気と不登校は「私自身の問題でもあるし，彼〔修さん〕の問題，夫婦の問題である」とも語っていた。美代子さんがこのように語るに至った足取りを辿りたい。

3.1　学校に通えなくなるまで

　「分かんない」。幼い頃の美帆さんについて語るとき，美代子さんはこの言葉を繰り返した。赤ちゃんの頃も「ふにゃぁふにゃぁって感じ」の泣き声で，「何を訴えてるのか」よく分からない。「喋るようになってからもあんまり自分のことを何か言うってこと」はなく，「どうやって育てていいか分かんないなって思ってた」。しかし，その一方で，美帆さんは「嫌なものは嫌」という意思表示は明確だったという。美帆さんは詩を書くことが好きで，その作品は何度も新聞に掲載された。「すごく感性の鋭い子」で，美代子さんとしては「それを伸ばしたかった」が，うるさく言い過ぎてしまったせいか，美帆さんは「絶対そういうほうにはいかない」と拒んだ。このほかモダンバレエの教室に連れて行ったときも，頑として通わなかったそうだ。

　また，美帆さんは「一人で遊ぶのは結構好きだったけれど，きゃぴきゃぴしてるところ」もあり，ときには男の子をからかうようなこともあった。ところが，小学 4 年生のときに引っ越してからは，友人と遊ぶことが減ってしまった。そこで，美代子さんは友人と触れ合う機会を作ろうと，自宅に英語の先生を招くことにした。しかし，美帆さんはいっこうに興味を示さず，しばらくすると学校に行

くのも渋り始めた。5年生になってから保護者会でいじめが話題に上り，美帆さんも「ぽろぽろっとは言ってたから，ま，いじめられてる，のかな？」と思うようになった。しかし，いじめているのが誰なのかは見当がつかなかった。美帆さんがようやく相手を打ち明けたのは，学校に全く行けなくなってからだった。

その相手を聞いて，美代子さんは非常に「ショック」を受けてしまった。というのも，彼女は英語教室の生徒の1人で，しかも美代子さん自身が「可愛がってた」子だったからである。その子もまた，美代子さんを慕ってくれていたそうだ。美代子さんは手作りのおやつを毎日用意する「こだわり派」で，クリスマスや誕生日には腕を振るった。父子家庭だった彼女からすると，そんな母親を持つ美帆さんが「羨ましかった」のではないかという。

とはいえ，それは後になって考えたことである。当時は美帆さんの調子が悪くても，「その子なら呼んでもいいや」と思って家に招いていた。ずいぶん経ってから，「お母さん，何で分かんなかったの？　あたしが暗い顔してたでしょ？」と美帆さんに言われてしまった。美代子さんには今なお悔やむ気持ちが残っている。

> ほんっとに駄目な親だったなぁって（笑）今思うとね，ほんとにね，その頃ほんとにショックだった，あたし。いや，何で自分の子どものこと分かってあげてなかったんだろうっていうのが。

学校を休みがちになってから何度か添い寝してあげたことがあったが，その話をしても，美帆さんからは「知らない！」としか返ってこないそうだ。記憶に残っていないのは，添い寝ぐらいでは「満たされなかった」からではないか。自分が思っているより，「もっともっと彼女は苦しかった」のではないか。美代子さんは切なそうな表情で振り返った。

3.2 中学校を卒業するまで

　いじめは中学校に入ってからも続いた。担任教員の対応が不十分だったこともあって，美帆さんは2年生で完全に学校に通えなくなり，強迫的な行為も現れた。たとえば，本に何か挟まっていないか「ぺらぺらぺらぺらめくって」調べ続ける。「手も，何回も洗う」。「洋服も何回も着たり脱いだり脱いだり着たり」する。しかし，登校時間に間に合わなくなっても，美代子さんは無理強いしなかった。このときには既に不登校に関する書籍に目を通しており，子どもの「気持ちに沿わなきゃいけない」と思っていたからである。

　美代子さんはしばしば担任教員に面談を申し入れ，それと並行して様々なところに足を運んだ。強迫行為がひどくなったので小児精神科を受診したが，医師に「一生これは続きます」と言われてしまった。それはもう大変な「ショック」だったという。また，近所のフリースクールも訪ねた。ここは自分の「行くところじゃない」と美帆さんが拒絶したので，しばらく美代子さんがひとりで通った。そこでの個人面談で，美代子さんはまたしても「ショック」を受ける。「もう〔学校に通えなくなってから〕1年なんですけどって言ったら，先生が，まだまだ続きますよ」と答えたのである。このときのことは今でも忘れられないそうだ。ほかにも教会のマザーカウンセリングに通い，勉強会の講師に「治してやると言われたので，わらにもすがる思いで」，その人の住む名古屋まで修さんと美帆さんの3人で出かけた。宗教団体からの訪問には基本的に取り合わなかったが，一度だけ水子供養のお祓いをしてもらった。

　このように奔走しながらも，美代子さんは付ききりで美帆さんの面倒を見た。しばしば夜通しで話し続ける美帆さんに付き合っていたが，眠そうな顔をすると「ぎゅーっ！」とつねられるので，美代子さんの体は一時期あざだらけになった。また，美帆さんが夜中に壁を蹴飛ばしたときには，近所を謝罪してまわった。興奮した美帆

さんが窓から飛び降りようとしたり，包丁を持ち出したりしたこともある。

　中学3年に進級する前後はいっそう具合が悪くなって，「ゴハンも食べなくなったり，寝なくなったり，おしっこもできなくなったり」してしまった。口にできるのはチョコレートだけで，今思えば「生きるのをやめようとしてた」のかもしれないという。さらには字も読めなくなるなど「赤ちゃんみたい」になってしまい，「人間てこんなことになっちゃうのか」と愕然としたそうだ。そんな娘の姿を見ているだけでも辛く，美代子さんは「いつもお手洗いに入って泣いたりしてた」。

　美代子さん自身の消耗も激しく，努めて気晴らしするようにしていた。美帆さんが少し落ち着いているときは，以前から参加していたコーラス・グループに顔を出したり，友人とお茶を飲みに出かけたりした。「行かないで」と涙ながらに懇願する美帆さんを，美代子さんは「お母さんにとってはこれが息抜きなんだ，こうじゃなかったら，お母さん，おかしくなっちゃう」と必死で説得した。娘を守るためには，母親である自分が倒れるわけにはいかない，という思いからだった。

　そんな美代子さんを助けてくれたのは，コーラス仲間や近隣の人たち（以前住んでいたところも含めて）だった。かれらは美帆さんと一緒に遊びにくるように誘ってくれたり，ときには美帆さんだけ招いてくれたりした。美代子さんは「ほんっとに皆さんに支えられた」と感謝の意を表したが，これは裏を返せば，修さんを当てにできなかったということでもあるようだ。転勤のため見知らぬ街に移り住み，都内にマンションを購入してからも修さんは家を空けることが多かったため，「お友だちは一生懸命作らなきゃいけなかったというか，作らざるを得なかった」のだ。もう少し後の話になるが，美帆さんが10代後半を迎えた頃，子どもたちを置いて修さんの転勤

先である広島に移ったときも、やはり友だち作りに励んだという。

そうやって築いてきた人間関係に支えられながら、美代子さんは果敢に修さんにも食らいついていった。当時の修さんは仕事一辺倒で家庭を軽んじるところがあったが、そこには「学校に行ってない娘を見たくない」という心理が潜んでいたのではないかと、美代子さんは推測する。

美帆さんが家で過ごすようになったのとほぼ同時期に、修さんは単身赴任することになったが、たまに帰ってきても「どうしようもない奴だ」と美帆さんを怒鳴りつけ、「早く学校行けぇ！」と蹴飛ばしていた。修さんは大家族の末っ子として揉まれて育ってきたから乱暴な振る舞いになるのは「仕方ない」と思いつつも、放っておくわけにはいかなかった。そこで美代子さんは、どうにかして修さんと話し合いの時間を持とうとした。単身赴任先は日帰りできない距離ではなかったので何度も訪ねて行き、修さんが帰宅したときには駅前の喫茶店で「とにかく2時間3時間」と話し続けた。

しかし、「話し合っても話し合っても分かんないのよ、彼はほんとに」と、美代子さんはあきれたように笑った。修さんの反応はいつも同じで、「なんで不登校なんだ?! おまえが悪い！」という調子だった。それに対して美代子さんは、「そうじゃないでしょ？ あたしたち2人の子どもだし、2人で何とかしなきゃいけないでしょ？」と根気よく説得し、親の会や講演会にも「引っ張り出し」た。美帆さんの苦しさを理解してもらうまでには、数年を要したという。

そうしたなかで美代子さんが「すごーく救われた」と語ったのが、カウンセラーのK先生との出会いである。K先生の相談室は美代子さんたちの自宅から3駅ほど離れた街にあり、美帆さんが学校に通えなくなったのと同じくらいの時期に開設された。当初は親子でカウンセリングを受けていたが、別々に受けるようになってから美代

子さんの心境に変化が生じた。「人間て，どうであれ，とにかく生きてるってことが大事なのよ。だから娘も別に学校行かなくたっていいし，生きてればいいじゃない」と思えるようになったのである。

それまでも登校を強制することはなかったが，美代子さんの「心の奥底」には「やっぱり〔学校に〕行ってほしい」，「普通の子と同じようにしてほしい」という思いがへばりついていた。それがようやく，美帆さんの存在をそのまま受け止められたのだ。K先生との出会いがどういう意味で救いになったのか，この点については3.4で詳しく見ることにして，ひとまず先を急ぎたい。

K先生に見守られながら，美代子さんと美帆さんは徐々に落ち着きを取り戻し，中学3年の1学期には短期間ながらも通学することができた。美帆さんは高校受験を熱望したものの，美代子さんの目には「本当に行きたいのかどうか分からないけど皆行くから」という理由で受験したがっているように映った。また，そのときの美帆さんは足し算もできないような状態だったが，それでも美代子さんは懸命に勉強を教えた。その甲斐あって，美帆さんは無事に比較的自由度の高い単位制の高校に合格することができたが，ひどい対人恐怖のため入学式のあと間もなく退学。それ以降は，K先生の主宰するフリースペースに通った。

3.3 イタリアの農場でのホームステイと結婚

話は前後するが，美帆さんは学校を休むようになってから習い事をいくつか始めた。中学3年のときには子役の養成で有名な劇団に所属し，エキストラの仕事をしたこともある。ただし続いたのは3カ月くらいだった。入団するのに「大枚を払った」にもかかわらず，「結局ちょこっとしか行けなかった」ことは「いまだに笑い種になってる」と，美代子さんは噴き出した。

いくつかの習い事のなかで最も長く続いたのはテディベア作り

だった。しかし，教室に通うにも大変な苦労があった。週1〜2日の外出のために「寝て寝て寝て，エネルギーを蓄え」なければならず，電車に乗るとパニックを起こしてしまうので，はじめのうちは美代子さんが1時間ほどの道のりを付き添った。当時，美代子さんは自分自身に「いつかは元気になって笑って，あの時は，あんなこともあったねって笑える日がきっと来るよね」と言い聞かせていたそうだ。美代子さんへのインタビューは自宅で行なわれたが，リビングには美帆さんの作ったテディベアや人形がかわいらしく飾られていた。

　さて，美帆さんが18歳になった頃，美代子さんの妹が新聞の切り抜きを持ってきてくれた。イタリアの農場でホームステイする若者を募集する記事だった。「こんなの行ってみる気ない？」と持ちかけたところ，美帆さんは「渋々」ながらもうなずいた。見事抽選に通り，両親揃っての面接を経てイタリア行きが正式決定した。ところが，出発前の顔合わせが終わってから美帆さんは行き渋る様子を見せるようになり，現地に到着してからも最初の3日間は「もう帰りたい」とごねた。しかし，ホスト役のM夫妻のサポートのおかげで，美帆さんは何とかホームステイを乗り切った。

　いつもとは「全く違う場所」に「自分を置いておく」ことを通して自らの「可能性」を発見するというのが，このプロジェクトの趣旨だった。観光と畑仕事のほか，絵の勉強など様々な体験プログラムが用意されていた。週1回ファックスで送られてきたニューズレターを，美代子さんは今でも大事に保管している。少しだけ見せてもらうと，美帆さんの弾むような文章から，イタリアでの生活を存分に楽しんでいることが伝わってきた。実際，何人かの親で現地見学に出かけたところ，美帆さんは「すっごいきゃぴきゃぴしてた」という。ホスト夫妻の方針で子どもと一緒に過ごせたのは食事のときだけだったが，美帆さんが「かいがいしく」動いているのを見て，

第7章 「ひきこもり」をめぐる家族の経験

とても嬉しく思ったそうだ。

　帰国したとき，美帆さんの真っ白だった肌はすっかり日焼けしており，とても「精悍に」なっていた。それから間もなく，美帆さんは近所のレストランで接客のアルバイトを始めた。イタリアで自信とともに体力もついたのか，平日は毎日4〜5時間ほど働いた。そうしたなかで修さんの広島転勤が決まった。美帆さんに一緒に行かないかと声をかけたが（兄の憲司さんは既に就職していた），彼女の答えは「私たち〔兄と自分〕はもう自立するんだから」「さっさと行ってちょうだい」と，つれないものだった。ただし，広島に誘ったのは「どういうふうに反応するかな」と確かめてみたい気持ちからだったようで，仮に美帆さんが「一緒に行きたいって言っても，ひとりでいなさいって言ったと思う」とも美代子さんは語った。

　子どもたちを東京に残して広島に移ることをK先生に報告すると，「親離れ子離れの時期だね。（中略）ここで離れてほんとに良かったね」と言ってもらえた。子どもは親から「離れていくように育てなきゃいけない」というのが昔からの「ポリシー」だったので，美代子さんはこの言葉に心底納得した。寂しさが全くなかったと言えば嘘になるが，自分自身も「もう娘から離れなきゃいけない」と覚悟を決めたのだった。

　こうして夫婦2人の生活が始まったが，それから1年経つか経たないかのうちに，美帆さんが結婚して秋田に行きたいと言ってきた。美代子さんは「えぇぇ?!」と仰天してしまったが，それでも反対はしなかった。むしろ「ほっとした」と，美代子さんは当時の心境を興奮気味に語った。

　　　ほっとしたの！　実は！　本当はね。内心は。内心は行っちゃっ
　　たら困るなーとは思ったんだけど，誰かあたしじゃなくて，ほかに，
　　その，娘を支えてくれる人ができたっていう嬉しさみたいな。

187

親がいなくなってもちゃんと生きていけるようになること。自分以外に「娘を支えてくれる人」が現れて「ほっとした」のは，それが美代子さんの望みだったからである。ところが，修さんの反応は全く違い，「もうとんでもない」と大反対した。「若くして結婚なんてショックだったと思う」と，美代子さんは修さんを慮った。もちろん美代子さん自身も「多少ショック」を受けていたが，それでも「彼女が決めた人生だから」「賛成してあげようよ」，今まで苦労をしてきた娘に「大好きな人ができたなんて，これ以上のことはないじゃない？」と説得した。修さんが納得するのにそれほど時間はかからず，美帆さんは秋田へと旅立っていった。

　それからも美帆さんとはファックスや手紙で頻繁にやりとりしたが，ある程度の距離を保つように心がけていたことが，語りの端々からはうかがえた。数年後，美帆さんは妊娠・出産を経て東京に戻ってくることになる。このときも美代子さんは美帆さんを守るべく必死で奔走するのだが，そのエピソードについては別の機会に譲りたい。

3.4　美代子さんにとっての娘の不登校

　美代子さんは，美帆さんの不登校をどのように経験したのだろうか。いじめの相手を知ったときや専門家に助言を求めたときなど，とりわけ美帆さんが学校に通えなくなる前後のことを語るなかで何度も出てきたのが，「ショック」という言葉である。美帆さんの不登校は美代子さんにとって予想外の出来事だったことが察せられるが，それに留まらず，ある種の挫折でもあったのではないだろうか。

　美代子さんは日頃から料理やお菓子作りに励み，子どもの教育にも熱心だった。しつけにも厳しく，とくに「人の悪口は言っちゃいけない」と言い聞かせていた。だが，そのために美帆さんは何も言えなくなってしまい，苦しい気持ちを「溜めて溜めて溜めて」し

まったのではないか，と美代子さんは後悔の念をのぞかせた。また，3.1で触れたように，自宅で美帆さんの同級生を招いて英語教室を開くなど，良かれと思ってやっていたことが逆に美帆さんを追い詰める結果になっていた。加えて，たまに帰ってくる修さんに相談しようとしても，はじめのうちは「なんで不登校なんだ?!　お前が悪い！」と一方的に責められるばかりだった。美代子さんは昔から良妻賢母に憧れを抱き，自分もそうなれるように懸命に夫や子どもの世話をしてきたという。そんな彼女にとって美帆さんの不登校は，自分自身の理想や価値を否定される出来事でもあったと考えられる。

　さて，3.2において，美代子さんがK先生との出会いによって救われたと感じていることを述べた。なぜこの出会いが救いになったのかと言えば，それは美代子さん自身が「認められて解放される」きっかけになったからである。美代子さんは単独でカウンセリングを受けるようになってから「自分の育ち」を辿り直し，固定観念に縛られていた自分，そして「自分を好きになれないっていう自分」に気づいた。人の悪口を言ってはいけないというのも，自分の母親がよく悪口を言っていて，嫌な思いをしていたからだった。美代子さんはK先生との対話を通して自分を見つめ直し，またK先生に自分の存在を受け止めてもらうことによって，自らを肯定できるようになったのだった。

　また，子どもたちに厳しく当たっていたことには，修さんへの不満も関係していたと美代子さんは語る。当時の修さんは，たとえば美代子さんが体調を崩したときに「俺のことは自分でやるから」とは言っても，看病してくれることはなかった。また，たまに台所仕事を頼んでも，「俺が食わせてやっているのだから」と言って，決して手伝ってはくれなかった。「そんなのおかしいじゃないですか。食わせてやってるって，私がいるからあなたが会社に行けてるんじゃない！」と，美代子さんはテーブルをバンバン叩きながら当時

の苛立ちを語った。とはいえ，修さんとの仲は「表面的にはまあまあ良かった」そうで，2人でよく出かけたりしていた。しかし，「心の奥底にくすぶってるもの」があり，自分に「真摯に向き合って」くれないことへの怒りや寂しさを，常に抱えていたという。職場での付き合いや仕事を優先していたというだけでなく，修さんには「自分の枠以外のものっていうのは受け付けないところ」があり，「近寄れないなっていうのは，いつもいつも」感じていたそうだ。

　そういう満たされない思いから子どもにきつく当たってしまい，美帆さんのほうも「感性が鋭かった」ために夫婦関係の不安定さを敏感に察知して，家庭で安心して過ごせなくなってしまったのではないかと，美代子さんは考えている。本節の冒頭で触れた「結局は夫婦の問題だと思います」という語りの背景には，このような事情があった。美代子さんの努力の甲斐あって，修さんは美帆さんを徐々に認めるようになっていったが，夫婦関係を見直すきっかけになったのは，美帆さんがお世話になったイタリアのMさん夫妻のもとを一緒に訪ねたことだった。それを境にして修さんは「えらい変わっちゃった」と美代子さんは強調した。

　美代子さんは結婚後は勤めに出たことはないものの，生協やPTA，コーラスのサークルなど様々な活動に積極的に参加していた。しかし，そういう家庭の外での美代子さんの姿を，修さんが目にしたことはなかった。

　　　だから，びっくりしたらしいの。あたしが外で，何かこうやってることを，初めて見たのね？　で，あたしが，いろんな人と話をしてたり，何か，「へぇっ?!」って思ったんだって。「お前こんな力があるの？」みたいな。何にもないと思ってたみたいなのよ（笑）。

　このときの旅行は修さんにとって，美代子さんを一個人として

見直す機会になったようだ。さらに修さんは，家族を「食べさせてやってる」という態度をMさん夫妻に注意され，夫婦は「フィフティ・フィフティ」だと諭されたことに「大きな感銘を受け」て帰ってきた。今までの態度がすぐに改められたわけではないものの，頑張っていることはよく分かったという。美代子さんの語りの端々からは，修さんが「ひとつずつひとつずつクリアしてった」ことに対する敬意と感謝が感じられた。そうした修さんの「努力」は，彼自身の心がけが良かったのはもちろんのこと，美代子さんが「自分が変わらないと相手は変わらない」ことを学び，実践してきたからこそ引き出されたものだと言える。そして，そのような積み重ねの起点になったのは，美帆さんが学校に通えなくなったことであった。

〔美帆さんには〕「気持ち悪いっ！　やめてちょうだい！」とか言われちゃうんだけどね（笑）。うん，でもね，やっぱり，それがあったからこそ，〔修さんと〕2人で話もよくできたし，お互い分かり合おうと努力もしたしね。

美代子さんにとって，「今こうやっていられる」のは「娘のおかげ」以外の何物でもないのである。

4　子どもの物語

4.1　かつての美帆さんにとっての家族

　古川（旧姓・岩井）美帆さんは，修さんと美代子さんの2人目の子どもである。1977年に静岡で生まれ，物心がつく頃には東京にいた。
　幼い頃の美帆さんは人見知りが激しく，「人前に立つと急にパタッてしゃべれなく」なってしまうことが度々あった。そんなとき美代子さんには「あんた何考えてんだか分からない」と怒られたそ

うだ。彼女にとって母親は「怖い」存在だった。『ドラえもん』に登場するのび太の母親に「そっくり」で，記憶を辿っても「怒ってるお母さんしか出てこない」という。「あと10秒で勉強しないと叩くわよ！」と，モノサシを振り上げられることも珍しくなかった。とはいえ，美帆さんは単に勉強が嫌いだったわけではないようだ。美帆さんは複数の習い事をしていたが，どれも「無理矢理行かされてる感じ」だった。また，学校でも「結構気を遣って」いたので非常に疲れていた。だから，「せめて空いてる時間は自分で遊びたい」，「何であたしの大事な時間を取っちゃうの？」と理不尽に感じていたそうだ。しかし，こうした思いを口に出すことはなく，とにかく「頑として」勉強しようとしないその態度が，美代子さんの神経を逆撫でしたようである。

　修さんのことは「働くだけの人」としか見ていなかった。父親との思い出はあまりないそうで，「存在感がなかった」とも語る。その一方で，美代子さんに対する態度には強い反感を抱いていた。出張ばかりで家を空け，休日も寝ているだけの父親に対し，母親は「お父さんはゴロゴロしてないと仕事が大変だから駄目なのよ」と「気ばっかり遣って」，いつも「はいはいはいはい」と言うことを聞いていた。それが気に入らなくて「お母さんは可哀そうだよ！」と歯向かうと，修さんは生まれ故郷の荒い言葉遣いで「てめぇ！　うるせぇんだよ！」と美帆さんを怒鳴りつけ，「ばーん！」と蹴飛ばしてきた。

　3つ年上の憲司さんは要領が良くて勉強もでき，小さいときには疲れるとおんぶしてくれるような「優しい兄」だったという。しかし，後述するように引っ越し先で美帆さんがいじめられるようになったときは，憲司さんを頼ることはできなかったという。当時は知る由もなかったが，実は憲司さんもいじめられており，美帆さんと距離を取るようになっていたからである。

「ひどいとき」には，こんなこともあったという。美帆さんが10歳くらいのとき，1人で寝るのが怖くなって一緒に寝てもらおうと憲司さんの部屋に行ったところ，床に画びょうをばらまかれて追い払われてしまった。しかも，この話はここで終わらない。そのあと仕方なく両親の寝室に行ったが，今度は修さんに「お前は自分の部屋があるだろう。10秒の間に出て行かないとぶつぞ」と追い返された。

こうした数々のエピソードからは，幼いときの美帆さんにとって，家庭が必ずしも安心できるところではなかったことがうかがえる。本人としても「学校よりましかな」という程度の感覚だという。とはいえ，当時を語るときの美帆さんの様子はあっけらかんとしたもので，わだかまりが残っているわけではないように見受けられた。

4.2　いじめ・強迫神経症・不登校

美帆さんの言葉を借りれば，あるとき学校に「パタッと行けなくなっちゃった」というが，それでも「前兆」はあったようだ。本や鞄の中に「人の物が入ってるんじゃないか」と気になって仕方なくなり，授業中もそのことで「頭がいっぱい」で，教員の言っていることも聞き取れなくなってしまった。そのため指名されても答えられずに立たされたり，作業に遅れた罰として掃除させられたりした。そうしたことが積み重なって，美帆さんは「どんどんどんどん精神的におかしく」なっていった。

そこまで美帆さんを追い詰めたのは，小学4年生の頃から始まったいじめだった。引っ越しのため転校してから「パシリ」にされるようになり，一度だけ数人に囲まれて蹴飛ばされたこともあるという。それ以前にも似たようなことはあったが，転校先でのいじめは「陰険」で，しかも，いじめっ子のうちの1人が美帆さんにつきまとった。家にもよく来て，美代子さんの前では「いい子ちゃん」に

振る舞い，美帆さんにも「わざと」親しげに接してきたが，2人きりになると態度が豹変した。しかし，美代子さんは「てっきり仲良し」だと思い込んで彼女をかわいがった。ホームパーティーを開くときには必ず声をかけ，外国人講師を自宅に呼んで開いていた英会話教室にも誘った。美帆さんは嫌でたまらなかったそうだが，それでも美代子さんには何も言わなかった。日頃から人の悪口を言わないようにしつけられていたこともあるが，話したとしても「絶対に分かってくれない」と感じていたからだ。

　こうして誰にも頼れず「溜めて溜めて溜めて溜めて」いた苦しさは，強迫症状として現れるようになっていた。いじめは中学校に入った頃から「ゆるく」なり，2年生のときには「もうほとんどなかった」。しかし，強迫症状は悪化していき，美帆さんは学校に通えなくなってしまった。はじめのうち美代子さんは責め立てるばかりだったが，美帆さんが「青ざめてご飯も食べられない」ような状態になると，学校に行かなくてもいいと直接的には言わないまでも，休ませてくれるようになった。そして，美帆さんを小児精神科へと連れて行った。このとき医師は学校を休ませるよう美代子さんに指示すると同時に，美帆さんには「お母さんに言えないことを，全部文章に書いてきて先生にそーっと見せてください」と内緒で言ってきた。だが，美帆さんは何も書かなかった。というより「書いちゃいけない」と感じていた。「書いちゃうと，またその子にいじめられちゃう」という恐怖感に加え，「書いたらお母さんにもきっと話すだろうし，話されたらお母さんが何をしでかすか分かんない」という不安を覚えたからだった。

　ただし，美帆さんは家にこもりきりだったわけではない。いくつか習い事を始め，子役の養成劇団に通ったこともある。自分をいじめていた子が女優になりたいと言っていたので，自分も女優になりたかったのだという。美代子さんに話すと「じゃあ，お金出してあ

げる」と言って,すぐに行かせてくれた。劇団には週1回のペースで通い,3カ月後には辞めてしまったが,その直後の1週間だけ登校することができた。「ひきこもってたけど,あたしは変わったのよ！って見せつけてやりたいっていう気持ち」からだった。中学3年の1学期のことである。

ところが,そのあと美帆さんはひどく調子を崩してしまった。美代子さんにおぶってもらわなければトイレにも行けないほど衰弱し,「死んじゃったほうが楽かな」というほどの苦しみを味わった。「自分の全てが嫌」。「自分の全てが醜い」。そんなふうに自らを嫌悪するあまり,唾を飲み込むことすらできなくなってしまった。

このように状態が悪化したことには,高校受験も関係していた。美代子さんは「勉強なんてしなくていいよ」と言ってくれたが,美帆さんは「絶対受験しなくちゃ」と思っていた。そもそも学校が嫌いで通えなくなったわけではなく,以前から憧れている大学もあった。そのため,本を読むだけで具合が悪くなるほどだったが,美帆さんは懸命に勉強して2つの高校を受験。残念ながら第1志望のところには落ちてしまい,第2志望だった通信制高校に不本意ながら入学した。しかし,結局は通うことができずに,退学を余儀なくされたのだった。

さて,小児精神科でのエピソードからは母親でさえも信じられずに精神的に孤立していたことがうかがえたが,中学3年になる頃には,自分の苦しみを理解しようとしてくれる「唯一の」存在として美代子さんを認められるようになっていたようだ。一方,単身赴任中だった修さんは「1週間に1回帰ってきて,母親に大丈夫かって心配するぐらいで,あたしのことなんか何にも理解してくれない父親」だった。修さんが美帆さんにとって良き理解者となるのは,もう少し後のことである。

4.3 カウンセリング・習い事・ホームステイ・結婚

　話は少し遡るが，美帆さんは学校に通えなくなってから美代子さんに連れられて様々なところに行った。なかでも臨床心理士のK先生のカウンセリングが印象深いように見受けられた。K先生は「すごい優しい，神様みたいな先生」で，初めて会ったときにかけてもらった言葉が今でも忘れられないという。「あなたはすごい羽ばたけるわよって，こんなに素敵な将来も未来も見えてるわよって，あなたはすごい人なのよって。だから大丈夫よ」と言ってくれた。そんなふうに誰かに言われたのは初めてで，この人なら信頼できると思ったそうだ。高校を中退したのとほぼ同時期にK先生がフリースペースを開設し，そこで美帆さんはのびのびと過ごした。メンバー同士で旅行したり，仲良くなった男の子とデートしたりもしたが，その彼との仲がうまくいかなかったこともあって，1年ほどで通うのを辞めた。

　それと前後して，美帆さんはテディベア作りの教室に通い始めた。ある作家のファンになったのがきっかけで，3年くらい習った。「不登校してても認めてくれる」ような先生で，作品以上に本人が大好きだったという。神戸で開催された展覧会にも，美代子さんと一緒に出かけて行くほどだった。また，教室の仲間は年上の女性ばかりで，美帆さんをよく可愛がってくれた。美帆さんの中では学校に行けないことに対する「引け目」がなかったわけではないが，彼女たちが変な目で見ることはなく，唯一プレッシャーをかけてきた女性には「立ち向かって」いくことができたそうだ。

　美帆さんがテディベア作りに夢中になったのは，以前から「西洋風のもの」への憧れを抱いていたからでもある。イギリスの農家に行くのを熱望していたところ，ちょうど母方の叔母が，イタリアの農場でのホームステイに参加する若者を募集する新聞記事を持ってきてくれた。美帆さんは渡りに船とばかりに「あっ！　行く！って

言って，すぐに応募」した。説明会には修さんもついて来た。美帆さんにとって修さんは幼い頃から「存在感」が希薄で，高校受験にも全く関与してこなかったが，そのときは「率先して『俺も行く』みたいな感じだった」。この頃の修さんは美帆さんを「偉いぞ」と認め，おしゃべりしていても「すごいじゃない」と褒めてくれるようになっていた。美帆さんからすると「そんなことも言えるようになったのか」と，内心驚くところもあったようである。

さて，美帆さんは期待と不安を胸にイタリアへと出発した。滞在中のことを尋ねると，即座に「大変でした」という答えが返ってきた。なかなか他の参加者に馴染めず，ホスト夫妻にも嫌われないように相当気を遣ったそうだ。電話で両親に泣きついたが，ホストファーザーのMさんに厳しく叱られてしまった。それは今から思えば，Mさんの「親から自立させるっていう作戦」だった。

イタリアでの生活を通して「親に対してこんなにいっぱい甘えてたんだな」と「感じさせてもらえた」ことに，美帆さんは深い感謝の念を示した。たとえば，洗濯ひとつとっても美代子さんが畳むところまで全てやってくれたし，「どっか連れて行って，お金出して」と言えば，いつもその通りにしてもらえた。しかし，それは「異常」だったと痛感し，その反動なのか，帰国後の一時期は触られるのも嫌がるくらいに両親を「毛嫌い」していたという。このとき美帆さんは18歳になっていた。

イタリアから帰国してしばらく後，修さんの広島転勤が決まった。連れて行ってほしいという気持ちは皆無で，逆に両親が誘ってきても頑として断った。通信制高校に再入学し，服飾の専門学校への進学を考えるようになっていたことも関係している。また，兄の憲司さんもちょうど就職したばかりだったので，2人で東京に残ることに決めた。憲司さんとは長らく「ギスギス」した関係が続いていたが，この頃には以前のような「優しいお兄ちゃん」に戻っており，

近所の飲食店でアルバイトを始めたときも相談によく乗ってくれた。
　そのアルバイトを始める少し前，ホームステイの関係で知り合った友人と一緒に，新聞で紹介されていた秋田の農家民宿に泊まりに行った美帆さんはここで夫となる男性に出会う。この民宿の息子である。このときは，友人だけしばらく滞在することになったが精神的に不安定になってしまった。それを心配した女将さんから「遊びに来てくれない？」と連絡が入った。こうして美帆さんは秋田を再び訪れ，ここで今の夫と親しくなり，やがて交際が始まった。女将さんが美帆さんを非常に気に入り，「お嫁に来い」と言ってくれたこともあって，交際してから1カ月も経たないうちに結婚を考えるようになった。最初に泊まったときから「ここがあたしの故郷」であり「求めてるところだ」と，強く惹きつけられたそうだ。
　ごく短期間のうちに結婚話はまとまったが，当初は両親ともに「大反対」だった。

>　まず農家のお嫁なんてあり得ないって。そんな大変な，苦労するようなところに娘を行かせるなんて，ましてや，やっと良くなったばっかりでしょう？　まだ19でしょう？　結婚するの20歳，あり得ない！って。もっと社会経験をしてからじゃなくっちゃ，そんな結婚できるわけないしって。そんなの無理だよ，みたいな話で。

　憲司さんもまた「自分の妹っていうか娘を取られちゃうかのような感じ」で，強硬に反対したという。そうやって家族全員に猛反対されながらも，美帆さんは自分の意志を「押して押して」貫き通した。交際を始めてから約半年後，20歳になったばかりのことである。
　こうして美帆さんは夫とその家族と同居生活をスタートさせ，2年後には娘を授かった。しかし，美帆さんは心身ともに徐々に摩耗していった。見知らぬ土地での暮らしに戸惑いはつきものだが，そ

第 7 章　「ひきこもり」をめぐる家族の経験

れだけでなく，核家族でサラリーマン家庭に育った彼女にとって，農家の大家族のなかで嫁としての役割を期待されることの負担は大きかった。秋田に移ってから6年目，美帆さんはふるえの発作に見舞われ，妄想もひどくなって入院せざるを得なくなった。退院後は娘を連れて秋田を離れ，夫も少し遅れて東京に移った。今は修さんたちの自宅から程近いマンションに，親子3人で暮らしている。

4.4　両親への思いと自己評価

　美帆さんへのインタビューは3人のなかで最後に行われた。修さんと美代子さんが2人そろって「今の自分があるのは娘のおかげだ」と語っていたことに触れると，美帆さんは少し顔をしかめた。そうした両親の言葉に，複雑な思いを抱いていることが見て取れた。「そう言ってくれるのは嬉しい」し「感謝はしてる」けれども，他方では「恥ずかしい」という気持ちもあると，美帆さんは語った。この恥ずかしさは，照れ臭さよりも，もどかしさや不甲斐なさといった感覚に近いように感じられた。

　　何でそこまでそんなに言うの？　そんな何であたしを持ち上げて言うの？って逆に思っちゃう。そんな全然じゃん。今は全然変わってないし，あなたたちだけがただ2人で変わってるだけで，全然あたしは変わってないんですけど，みたいな（笑）。

「全然変わってない」というのが美帆さんの自己評価である。この話題についての一連のやりとりのなかで，「ちゃんとしっかりした人間になってればまた話は変わるんですけど」という言葉も出てきた。このときの美帆さんはストレスが身体症状となって現れており，薬を処方されていた。とくに状態が良くないときは，娘に辛く当たってしまったこともあるという。また，東京に戻ってきてから

アルバイトをいくつかしてみたものの，被害妄想が出てきたりして続けることはできなかった。働くのは「もう無理だ」と思っているそうだ。夫は美帆さんの精神的な不安定さに一定の理解を持っており，だからこそ一緒にいられるのだと感謝を示しつつ，「働けないから，だからやっぱり主人といないと生活できないんですよね」とも語っていた。

　学校に行けなかったからこそ今の自分がある。そんなふうに語る人もいるが，美帆さんはどう思っているのだろうか。2回目のインタビューが終わりに近づいたところで，学校に通えなかったことを，現在はどう捉えているのか尋ねてみた。

> Fm：うーーん，やっぱり学校に行きたかったっていう感じですよねぇ。……行けなかったから今の自分があるっていうのもあるんですけども，…でもやっぱり普通でいたかったな。そしたら普通にちゃんと人間関係こなして，って思うし，娘も今ああやって不安定にならなかった，ね？　違う子どもが生まれたとしても，なかったと思うし。普通でいたいですよね，やっぱり。今でも普通でいたいし。うん。
> Ｉ：今は，普通，か，普通じゃないかというと，自分では。
> Fm：普通じゃない。
> Ｉ：と思ってる。うん。
> Fm：思ってます。

5　ライフストーリーの重ね合わせから見えるもの

　3人のライフストーリーを通読した今，読者のなかで岩井さん一家の姿はどのような像を結んでいるだろうか。最後に，かれらの物語の時代的・社会的背景を中心に若干の注釈を加え，ライフストーリーの重ね合わせからどのような示唆が得られるのか考えたい。

第7章 「ひきこもり」をめぐる家族の経験

5.1 時代的・社会的背景

　美帆さんが通学できなくなったのは1990年代初頭，学校に通えない子どもたちとその家族を取り巻く状況が大きく動いた時期にあたる[2]。1988年9月に「30代まで尾引く登校拒否症」という見出しで掲載された朝日新聞記事に対し，日本のフリースクールの草分け的存在である東京シューレが中心になって抗議活動を展開し，これを通して各地で親の会や学校外の居場所が作られていった。また，呼び名も「登校拒否」から「不登校」が一般的になり，「学校に行きたくても行けない」という葛藤したイメージが強調されるようになった。

　こうした流れを受けて，文部省は1992年に「一部の特別な子どもの問題」ではなく「誰にでも起こりうる問題」であるとの認識転換を明らかにし，民間施設の利用日数を学校の出席日数として認めるなどの措置を講じた。加えて，学齢期を終えても社会との接点をなかなか見出せないという「不登校その後」の問題として「ひきこもり」が関心を集め始めたのも，この頃のことである。

　美代子さんが修さんの無理解に苦しみながらも，比較的早いうちから美帆さんに登校を強制せずに休ませることができたのは，このような時代的・社会的状況のもとであった。美代子さんが努めて友人や近隣住民と友好な関係性を築いてきたことに加え，学校に通えない子どもへの理解と対処の手がかりを与えるような関連書籍が出版されていたこと，不登校児を肯定的に受け止めサポートするための体制が整えられつつあったこと，自宅から通いやすいところにフリースクールやカウンセリングルームなどの相談先があったことも，学校に通えない美帆さんを受け止め，支えていくうえでは欠かせなかったと考えられる。

　さらに，家庭の経済的基盤が盤石だったことも重要である。4人家族が十分に暮らせるだけの安定した収入を修さんが得ていなけれ

ば，美代子さんが美帆さんのサポートに多大なる時間と気力を投入することは難しかっただろう。また，生活費のほかに美帆さんの習い事の月謝，フリースクールが主催していた合宿等の参加費，カウンセリングやイタリアでのホームステイなどの諸費用を捻出できる余裕があったことも大きいと言える。

　美代子さんのように，夫／父親が会社中心で家庭を顧みず子どもの不登校にも理解を示さないことを"問題"として語る人は少なくないが，この"問題"には裏返しの語り方もあることを付け加えておきたい。すなわち，夫／父親が仕事に専念していたので経済的な心配をする必要がなく，また中途半端に口出しされることもなかったから子どもと全力で向き合えた，という語り方である（石川 2006）。

　いずれにしても美帆さんへの受容的対応は，美代子さんたちの個人的努力はもちろんのこと，さまざまな社会的条件が整っていたことによって可能になったと言える。

5.2　親の"生き直し"と子どもの"生きづらさ"

　修さんと美代子さんが語った物語，すなわち，子どもの不登校が子どもへの関わり方だけでなく，夫婦関係や自分自身の生き方を見直すきっかけになったという物語は，親の会の参加者からしばしば聞くものである（e.g. 松本 2004, 2007）。親の会に関わりがあるのは学校に通えない子どもがいる家庭のごく一部に限られており，ゆえに修さんたちの物語を不登校の子どもを持つ親の典型的な物語として聞くことはできない[3]。まずはこのことに注意を促しておきたい。

　さて，3人のライフストーリーを重ね合わせたとき印象に残るのは，矛盾よりもむしろ整合性の高さである。美帆さんが結婚話を切り出したときの修さんと美代子さんの反応に関する語りにはズレが見られるが，それ以外についてはおおむね一致している。このことからは美帆さんの不登校をきっかけに家族関係が再編され，密なコ

ミュニケーションが行なわれてきたことがうかがえる。しかし，もうひとつ決定的な食い違いがあったことを見逃してはならない。それは，美帆さんが学校に通えなくなったことに対する現在からの意味づけである。

　修さんと美代子さんは美帆さんの不登校を夫婦関係や自分自身の生き方を見直すきっかけとして位置づけ，今も親の会をはじめ様々な活動に参加することで自分の幅を広げていた。2人はそういう機会を与えてくれた美帆さんに感謝を捧げていたが，当の美帆さんはそのことに複雑な思いを抱いていることが見て取れた。また，修さんは東京都の調査に協力した動機について，ひきこもった経験があっても家庭を持てることを皆に知ってほしい，ぜひとも希望を持ってほしいと語っていたが，美帆さんは今なお心身の不調に苦しみ，夫や子どもとの関係にも悩んでいるようだった。

　親子といえども別々の人生を歩む他人であることは間違いなく，親の会などでは自分の人生を楽しむことの大切さが繰り返されている。これは子どもにとっても，自分が親の負担になっていることが罪悪感や精神的苦痛の一部になっているからでもある。もちろん，親たちの"生き直し"は我が子を受け止められない苦悩や葛藤から始まるものであって，自分の人生を謳歌することをはじめから目指しているわけではない。しかし，それでも親の"生き直し"の陰で，子どもの"生きづらさ"が取り残されてしまう可能性は消し去れない。

　また，親の"生き直し"とは親自身が内面化してきた規範や価値観の相対化にほかならず，そこで相対化される規範や価値観とは，不登校や「ひきこもり」をあってはならないものとして現象させるようなものである。したがって，親の"生き直し"には社会批判の契機も孕まれているが，どちらかと言えば家族の情緒的な絆の強化と強調に向かい，たとえば子育ての失敗として問題化するのとはま

た異なる道筋で，不登校や「ひきこもり」を家族で解決すべき問題として定式化することにつながっている側面があるように思う（加藤 2012）。

深刻な葛藤や軋轢に手を携えて立ち向かってきた岩井さん一家の歴史に敬意を払いつつ，家族問題ではなく社会問題として不登校や「ひきこもり」を論じるための視点を形成していくことは，かれらの物語の聴き手となった私に課せられた責任である。

注
1) インタビューは承諾を得て録音し，逐語的に文字に起こした。ただし，引用の際は相槌や言いよどみを省略するなど，読みやすいように若干の編集を施した。
2) 詳細は朝倉（1995），工藤（2002）などを参照。
3) 1990年時点における東京都内の中学校生徒に占める不登校生徒の比率の地域分布の検討によれば，高い不登校比率を示しているのはブルーカラー・低収入世帯の比率が高い地域で，上層ホワイトカラー・専業主婦の比率が高い地域の不登校比率は低いことが明らかになっている（佐々木 2004）。岩井さん一家が暮らしていたのは後者の地域であり，かれら自身もまた社会的上層に位置している。親の会に関わりがあることも含めて，岩井さん一家は子どもの不登校を経験した家族のなかでも少数派に属することになる。そういうかれらの物語が学校に通えない子どものいる家族の典型的な経験として一般化することは，たとえば貧困が背景にあるようなケースを見過ごすことにつながりかねない。

参照文献

朝倉景樹, 1995,『登校拒否のエスノグラフィー』彩流社.
石川良子, 2006,「ある家族の不登校をめぐる物語——不登校児の親の会のモデル・ストーリーとその抑圧性」桜井厚編『戦後世相の経験史』せりか書房,

220-239.

加藤美帆, 2012,『不登校のポリティクス――社会統制と国家・学校・家族』勁草書房.

小林多寿子, 1994,「『経験の物語』と『複合的自叙伝』――ライフヒストリーの重ね合わせをめぐって」井上忠司・祖田修・福井勝義編『文化の地平線――人類学からの挑戦』世界思想社, 70-90.

―――, 2012,「サンチェスの子どもたち――メキシコの一家族の自伝」松田素二・川田牧人編『エスノグラフィー・ガイドブック――現代世界を複眼でみる』嵯峨野書院, 118-121.

工藤宏司, 2002,「社会問題としての『不登校』現象」『人間科学論集』32/33: 21-55.

Lewis, O., 1966, *The Children of Sanchez—Autobiography of a Mexican Family*, Random House.(＝1969, 柴田稔彦・行方昭夫訳『サンチェスの子供たち』みすず書房.)

松本訓枝, 2004,「母親たちの家族再構築の試み――『不登校』児の親の会を手掛かりにして」『家族社会学研究』16 (1) : 32-40.

―――, 2007,「父親たちの家族再構築の試み――『不登校』児の親の会を手がかりにして」『家族関係学』(26) : 61-72.

佐々木洋成, 2004,「教育行動の空間分布」倉沢進・浅川達人編『新編東京圏の社会地図 1975-90』東京大学出版会, 235-248.

終章 「ひきこもり」を理解する立場性と当事者の家族・親

古賀正義

1 「自立支援ビジネス」の暗闇から

　2017年5月，NHKの「クローズアップ現代＋」はひきこもり支援の暗闇を親からの投書という形で取り上げた。HPの紹介には次のようにある。「子どもが長年ひきこもっている。(中略) こうした悩みを抱える家族に対し，「問題を解決し，子どもの自立を支援する」とうたう施設によるトラブルが相次いでいる。「就労支援プログラムを受けられなかったのに500万円を請求された」，「アパートに監禁され，殴る蹴るの暴行を受けた」などと訴える声。人々に寄り添うはずの"自立支援"ビジネスの実態と，トラブル防止に必要な方策に迫る」。

　すでに各章で論じたように，メディア報道により2000年頃から一般の人々にも存在が知れわたるようになったひきこもりは，近年，「大人のひきこもり」と称されるような長期化・高年齢化の問題へと移行し始めている。

　もともと不登校問題を初発として子ども期からの学校不適応や生育発達の歪みに焦点化されていたものが，就職活動・就労困難や職場不適応など若者期のトラブルと対人不安，さらには格差・貧困の社会生活へと向かっている (第1章を参照)。ここには中高年にまで「長引くひきこもり」の解決困難さや支援方策の限界が，家族を襲っている現状がある。親の高齢化の進むなかで，精神障害などの

指摘に代表される原因論を厳格に追究してみても，本人に何らかの改善が見られないならば，対処したことにならないという声（いわば「原因療法」対「対処療法」の相克）は強まる一方である。

「自立支援ビジネス」はひきこもり問題理解の現状を端的に示している。仮に社会的自立なるものが，「就業し，親の保護から離れ，公共へ参画し，社会の一員として自立した生活を送ること」（青少年育成政策大綱 2003年）であるとすれば，自立不能な状態にありパラサイトが続く若者への社会的支援は不可避なものとなってしまう（第5章を参照）。支援のノウハウをもつさまざまな行政機関や医療施設，NPOなどの実践が，ひきこもり本人にとってさえインターネットですぐにでも検索できる現在，本人に適した効果のみえるよりよい支援を選択することは，家族にとっても重要な関心事なのである。ここに，家庭の経済的制約はあるものの，「ひきこもり支援」が企業や民間人を含めたビジネスとして展開され，市場を構築し始めていく構造がみてとれる。

もちろん社会福祉協議会や精神健康福祉センターなどをはじめとする行政機関を中心に，より地域包括型の受益者負担が少ない支援を実現しようという動きは活発である。子ども・若者育成支援推進法（2009年成立）の下で，多機関による支援のネットワーク化が努力義務ともなっている。しかしながら，当事者にとってはひきこもり本人との共同生活の改善や将来への不安軽減などが第一の眼目であり，本人の生きづらさを生み出す原因に即した改善では迂遠にみえ，より個別化した効果的支援を求める気分が強くなる（第4章を参照）。

ビジネスであれ公共的活動であれ，仮に選択の自己責任を問われようと，支援の消費者にとって選択肢のひとつであることは変わらない。ここに，一方できめ細やかで適切な支援を提供する諸団体もありながら，過去の不登校児への戸塚ヨットスクール事件を想起さ

せる，ただ管理・収容するだけにみえる「自立支援ビジネス」の暗闇が生まれていく。

2　当事者としてのひきこもり家族

　本書を基礎づけてきた社会構築主義の立場からいえば，今日でもひきこもり問題は定義が確定せず「扱いにくい曖昧な現象」のままである。もちろん実態を示す公式統計の書き換えはいまでも繰り返し行われ（第2章を参照），2016年内閣府調査では54万人と，前回調査の2010年時点よりは減少したものの高い発生率であるとされた（他方で，KHJ全国ひきこもり家族会連合会などでは支援ビジネスにおけるトラブルにも調査の目を向け始めている）。

　だが実際，ひきこもり問題の「事実」を語れる立場性を有するのは，究極的には本人や家族らだけであり，それは内閉化した非社会的な本人のあり方をめぐる「いやだ」とか「困った」と感じるトラブル（問題ならざる問題）の集積である（Holstein, J. A. & Gubrium, J. F. 2000, *The Self We Live By*, Oxford Univ. Press）。仮に本人に発達障害の診断が下されれば医療問題に転嫁され，「障害」の診断と治療・援助の文脈に再定義して問題化されることになる（例えば，障害者手帳取得による容易な障害者枠の就労を望む声はいまも絶えない）。しかしながら，概して社会問題としての成就は難しく，あいまいな困難のまま数年余が過ぎ，家族らが外部社会と接触しないので，「ひきこもり」と呼ぶしかないと確信するという問題生成のシナリオになっている。

　いいかえれば，ひきこもりでは声をあげる当事者たちによる問題の確定が大きな鍵を握ってきた。支援団体の多くがひきこもりの親の会の活動に積極的に取り組んできたように，本人と家族が一体として当事者となる構図がそこにはあり，双方の問題理解言説とその変容が本人の将来像と展望を左右してきたともいえる（第6章を参

照)。先行して問題があるのではなく，本人と家族が協働で問題の発見者となり，家庭外に披瀝されるひきこもり過程の語りが，再帰的に，当事者に支援の入り口を意識させていく。

　家族がひきこもる本人を閉じた家庭内で抱え込みきれないとクレイムすることがひきこもり問題の構築には不可欠であった。クレイムは，初期の家庭内での暴力や破壊行為の局面で生じることもあれば，長期的に部屋に閉じこもりコミュニケーションが不全になる局面で起こることもある。その発現はコンティンジェント（偶然的）である。それゆえ，家族はいつの時点でどこにクレイムすべきかを絶えず探索することになる。

　第3章で紹介したアンケート調査では，家から1時間以上離れた病院などにしか相談に行かないといった結果が示されたが，問題化のクレイムが日常生活の場から意識的に切り離される傾向がわかる。「家庭の外には秘密にすべきか，公表して相談すべきか」の悩みが家族に生まれるのは，もちろん地域社会や親族などへの世間体の圧力も少なくないが，そもそも家族全体が共同の問題構築者として，問題生成に加担してきた過失者性と発見から回復へと向かう支援者性との両面を抱え込まざるをえないからである。

3　家族への介入に向かい始める支援

　問題発見から支援構築へと，ひきこもり問題は新たな段階を迎えようとしている。例えば，NPO専門職員などによる「アウトリーチ（出張訪問）」の推奨がある。家庭内の実態理解や援助活動を家庭に出かけて試みる。筆者らの東京都調査にみられた希少な改善事例でも，各家庭を巡回していた保健師がたまたまひきこもりの親の会の講演を紹介してくれ，参加してみて子どもへの見方や評価が変わり，支援を積極的に受けるようになったという母親の語りを聞くこ

終章 「ひきこもり」を理解する立場性と当事者の家族・親

とができた。ここからは，アウトリーチ実践の効用の可否とは別に，問題ゆえに「閉じてしまった家庭」に新たな入り口をつけ，地域社会の支援資源との能動的なかかわりを可能にすることの有用性を知ることができる。

外部社会との接点は偶然に出会う人や関わる場によって大きく変わってしまうので，「閉じた家族」は，成員間の問題認識の差異を含みつつ，こうしたチャンスを喪失してしまう可能性がある（第7章を参照）。これまで日本社会では家族とりわけ母親に子ども・若者の成長や教育の責任を背負い込ませる姿勢が強かった。子どもの進学・就職など社会的な成功は親の養育のおかげであり，反対に，不登校やひきこもりなど問題行動を生み出すのも親の影響が強いとされた。

いいかえれば，家庭の教育力は子ども・若者のあり方を規定するという「家族責任論」に基づく考えに縛られ，「パーフェクトな親」として子どもと接しなければならないという家族規範が多くの家庭を支配してきた。もちろん過去においては，地域の共同体的性格が家族規範を相互に支え合う一面もあり，その文化性を維持することが比較的容易でもあった。

しかしながら近年，家庭間の相対的貧困や文化的環境の欠如による格差の深刻化は，こうした家族規範を個別家族の過重な課題へと変貌させている。教育基本法改正でも「家庭教育」の項が立てられ，親の第一義的な教育責任が守旧的に訴えられた。シングルファミリーやステップファミリーなど変化する家族の多様な形態に応じて，あるいは女性のワーク・アンド・ライフ・バランスの重視に応じて，今日，親・家庭の子育てとは社会的にどのようにあるべきかを，ひきこもり問題言説の分析を媒介として検討する必要がある。

ひきこもる若者の社会参加を可能とするような支援は，こうした「家族責任論」をこえて，当事者の家族と協働して行う必要がある。

いうならば，行政や支援機関が家庭を下支えする，つまり私教育のセーフティーネットを構築する，これまでの公私の関係とは反転した実践が必要になる。

ひきこもり問題の言説研究が示唆してきたように，ひきこもりを生まない健全な教育家族をステレオタイプに描き期待することは容易だが，今日その圧力自体が，きまじめで生きづらさを抱えたひきこもりの若者を，家族とともに，一層社会的排除の方向へと押しやってしまうこと，すなわち「まじめさ」の表象がかえってひきこもりを促進すること，を銘記すべきである。

本書で論じたひきこもりとその家族の社会学はまだ緒に就いたばかりであり，「アウトリーチ（Outreach）」の字義通り，これまで手の届かなかった者へ「手を差し伸べる」試みを今後も続けていかねばならない。

追記

最後になるが，本書の刊行は予定より数年も遅れてしまった。世界思想社編集部はじめ，執筆者の皆さんのご尽力もあり，何度とない危機を乗り越えて出版に至ったことは，編者の一人として感謝の言葉しかない。言説研究から当事者としての家族を描きたいという思いが実現したのは皆さんの真摯な姿勢の賜であった。本書の初発の問題意識は，思わぬ偶然から東京都の実態調査（本書で繰り返し論議されてきた）に参加し，そこで共編者の石川良子さんと出会い，興味深い親御さんのインタビューをしたことに尽きる。高田馬場の相談室や中央大学の研究室で出会ったひきこもりのご家族の思いに少しでも応えることができたなら，そして，編者自身の親やきょうだいの思いにも応えられたなら，望外の幸せである。読者のご批評・ご感想をお待ちしている。

用語集

「ひきこもり」の定義と遷延化

「ひきこもり」の定義については，厚生労働省ガイドラインの定義（本文p. 21, 34-35を参照）のように，「ひきこもり」状態の背後に複数の要因があることを前提としてこれを広く捉え，対応の方策にしたがって分節化することが一般的になっている。そのため多くの定義は，①自宅または自室から出ることができない（コンビニやレンタルビデオ店に出かけられるなど，限られた目的でなされる外出は「外出」とみなさない），②対人関係から撤退している，③社会的活動（就学や就労）から撤退している，④①～③が長期にわたっている（多くは6カ月以上），という4点を組み合わせたものに収まる。これに⑤精神疾患や精神障害など生物学的要因を背景としない，を加えると，「社会的ひきこもり」と呼ばれる狭義の「ひきこもり」定義になる。たとえば，よく知られている斎藤環の定義は「（自宅にひきこもって）社会参加をしない状態が6カ月以上持続しており，精神障害がその第一の原因とは考えにくいもの。（ただし『社会参加』とは，就学・就労しているか，家族以外に親密な対人関係がある状態を指す）」というもので，①～⑤を概ね満たしている。

特に「社会的ひきこもり」について，ガイドラインは社会的要因・心理的要因の複合からなる行為と捉えるべきと単一原因論を排するが，一方で，状態の持続がどのように起こるかについてはいくつか似通ったパタンがあるとする識者は少なくない（「きっかけ因」に対する「持続因」の重視）。たとえば，第1章に記した斎藤環の「ひきこもりシステム論」や近藤直司の「悪循環論」などが知られるが，両者に共通するのは，他罰的な周囲からの働きかけと，（おそらく一般的なイメージと異なり）自責的な本人との相互作用により状態が遷延化するという認識である。ただ，彼らの説明はあくまで理念型的なもので，「持続因」の具体的内実について多くは示されておらず，また「治療」という目的に沿うモデル化であるため，「ひきこもり」者間の細かな差異は考慮され

ていない。私見では，個々の生活誌の違いを念頭においた遷延化の解明が「社会的ひきこもり」という複合要因からなる行為理解には重要であり，たとえば「スティグマのパッシング」という視点からこれを捉えようとした石川良子の仕事（石川良子『ひきこもりの〈ゴール〉』（青弓社，2007）の第3章）など，社会学におけるいくつかの議論がそれを担おうとしている。　【工藤宏司】

さまざまな支援方法

「ひきこもり」の支援とは基本的に，ひきこもり状態から抜け出すための支援である。ひきこもっている本人に対するおもな支援方法としては，個人相談，居場所活動，就労支援，訪問支援が挙げられる。カウンセリングなどの個人相談から始まり，居場所活動に参加して対人関係の安定・充実を図ったのちに就労支援へと段階的に進んでいくことが望ましいとされる（厚生労働省『ひきこもりに関する評価・支援のガイドライン』2010年などを参照）。しかし，実際には本人の状態は直線的に変化していくわけではないので，本人の希望や状態にきめ細かく対応する柔軟さが求められる。また，近年は当事者・経験者同士が支え合うピアサポートにも注目が集まっている。

　就労支援では一足飛びに雇用労働を目指すのではなく，福祉的就労やボランティアなどを組み合わせながら，慎重に準備が進められる。ただし，雇用労働をゴールに設定する支援体系そのものへの批判もある。そのため自分たちに合った働き方や職場を自分たちの手で作り出そうとする取り組みや，ひきこもったままでも生活を成り立たせていく方途を探る動きも始まっている。

　また，ひきこもっている本人ではなく家族が相談機関を訪れることから支援が始まるケースも少なくない。このとき支援者は家族を通じて問題を把握し，本人が相談機関につながるように働きかけることになる。場合によっては家庭に直接出向いて本人と接触を試みることもあるが，訪問支援ではとりわけ本人の意思を尊重し，抑圧的にならないよう細心の注意が必要である。このところ個人の尊厳を無視するような強引なやり方や，高額の費用を不当に請求されたり，監禁されて暴行を受けたりするなど自立支援を謳う施設でのトラブルが相次いでいる。支援における暴力は古くて新しい重大な問題である。

　家族自身（とりわけ親）の苦悩に対応することも重要な支援課題である。この課題において大きな役割を果たしてきたのが家族会である。ひきこもる子ど

もを持つ親同士が語り合うことで精神的な安定を図るとともに，古株の参加者を通じて子どもとの適切な関わり方が伝えられていく。また，自助活動に加えてロビー活動にも力を入れてきた団体もある。さらに近年では，自分たちの老後を守りつつ，親亡き後に子どもがひきこもったままでも生きていけるようなライフプランの構築にも関心が集まっている。　　　　　　　　　　【石川良子】

厚労省ガイドライン（2003年版・2010年版）

厚生労働省が作成した対応ガイドラインは，旧・暫定版も含め，これまで3度示されている。いずれにも共通するのは，①「ひきこもり」を状態として捉え，背後に複数の要因を想定していること，②生物学的要因が強いものについては精神医療的治療に導くことを想定しており，そのため「ひきこもり」を呈している人について，原則的に専門家による診断（スクリーニング）を必要としていること，③地域における対応窓口を一元化し，そこから諸々の対応機関へ水路づけようとしていること，④本人へのアプローチは家族を介することが想定されていること，⑤自傷を含む暴力行為の有無の見極めを重視し，「相談者としての家族」へ配慮するよう求めていること，などである。2010年に示された最新のガイドラインでは，「ひきこもり」に類似した行為として「不登校」「ニート」などを挙げ，それらを含めた総合的な対応が必要，と踏み込んだ方針が示されている。　　　　　　　【工藤宏司】

ひきこもりに関連する施策

1990年代にひきこもりが白書などで取り上げられて以来，医療・福祉・労働・教育などの場でさまざまな支援の施策が模索されてきた。国レベルでは，2009年から始まった厚生労働省による「ひきこもり地域支援センター」の設置運営が，多機関の連携による地域での包括的支援のためのネットワーク窓口づくりとして知られる。また，内閣府も協力するNPO・民間団体などの「サポーター養成事業」はひきこもり支援の専門人材を育成・研修する重要な施策である。

都道府県レベルでも，例えば東京都は「ひきこもりサポートネット」を構築し，メールや電話等での個別相談や中間的就労・サークル活動を含んだNPOによる若者社会参加応援事業などの紹介を行っている。さらに，コンパスと呼称された「ひきこもり等の若年者支援プログラム事業」によって，支援員のア

ウトリーチ，すなわちひきこもり家庭の直接の訪問活動なども新たに広く行われるようになってきた（現在，一定回数の訪問は無料）。

　もちろん，ひきこもりの家族対象の親の会や家族教室，専門家の講演会など問題の理解や啓発を重視した活動は，NPOを巻き込んで数多い。また，当事者本人に対する精神保健・医学的な側面からのカウンセリングや個人療法などの改善の段階に合わせた支援も，「精神保健福祉センター」などを中心に随時行われている。

　概して，単に当事者家族からの問題の申し出を待つだけではなく，情報を提供し，当事者家族にも介入するような積極的支援の施策が拡大していっている。とはいえ，ひきこもりに限らず，対人不安などを訴える若者は増大する傾向にあり，ヒト・モノ・カネの制約があるなかで，円滑なコミュニケーションのための社会情動的スキル学習などに代表される，人間関係を拡大し社会参加を促進する予防的・対処的・治療的な多種目の支援施策の実施が，行政機関やNPOばかりでなく，学校なども含めて，求められている。　　　【古賀正義】

青少年自立援助センター

東京都福生市に活動拠点をおくNPO法人。理事長・工藤定次（1950年生まれ）が1977年に設立した共同生活寮つきの学習塾，通称「タメ塾」がその前身。支援目標を「なんとか自分で自分の飯ぐらいは食えるようにする」という経済的自立に据え，そのためのプログラムとして，訪問活動，居場所運営，就労支援の三段階を準備している。家庭訪問を通じてひきこもっている若者たちを誘い出し，寮施設に入るか通所するかしてもらいながら，彼／彼女らにさまざまな学習支援や労働体験の機会を提供する。活動の中心は就労支援であり，活動メニューとして，同NPOが保有する農園やリサイクル工場，漬物工場での労働体験などが組まれている。2000年代後半より，厚生労働省からの委託をうけ，東京都，高知県などに「若者サポートステーション」を次々と開設。現在5カ所を運営している。　　　【滝口克典】

ニュースタート事務局

千葉県市川市に活動拠点をおく認定NPO法人。初代理事長の元学習塾経営者・二神能基（1943年生まれ）が1994年に手がけた「ニュースタート・プロジェクト」

——不登校やひきこもりの若者たちをイタリアの農園に送り，農作業や共同生活を体験してもらう企画——を発端に，1999 年に活動が本格化。訪問活動，居場所運営，就労支援の三段階にまたがる支援プログラムを通じて，ひきこもる若者たちの「50％の自立」に向けた支援を行う。モットーは「家族をひらく」。「レンタルお姉さん／お兄さん」と呼ばれる訪問スタッフが家庭を訪れてひきこもっている若者を誘い出し，共同生活寮——二神はこれを「若衆宿」と呼んでいた——に入居してもらい，そこで彼／彼女らにさまざまな人間体験や仕事体験，社会体験の機会を提供する。共同生活寮は，2000 年代半ばには，国内に 5 カ所（千葉県，埼玉県），海外に 3 カ所（マニラ，仁川，ソウル）が存在した。現在も複数存在しているが，詳細は公開されていない。　【滝口克典】

斎藤 環 　1961 年，岩手県生まれ。精神科医。筑波大学医学専門群（稲村博研究室）を卒業後，佐々木病院勤務を経て，現在，筑波大学医学医療系社会精神保健学教授（医学博士）。1998 年に『社会的ひきこもり——終わらない思春期』（PHP 新書）を出版し，精神障害を第一原因としない「社会的ひきこもり」の事例が数十万人にのぼる恐れがあると警鐘を鳴らした。同書で斎藤は，家族・本人が社会との接点を失い，家族が本人を抱え込む「ひきこもりシステム」がひきこもり状態を長期化させると指摘し，問題解決には精神科医による治療的介入が不可欠だとした（治療必須説はその後撤回）。ひきこもりがたびたびマスメディアで取り上げられるようになると，ひきこもる若者を犯罪リスク集団とみなす等の偏見に対する啓発をおこない，近年は記者会見で本人の人権を無視した強引な支援手法を批判するなどの活動を展開する。文芸・サブカルチャーに関する著作も多数刊行している。　【関水徹平】

KHJ 全国ひきこもり家族会連合会

ひきこもりを抱える家族の会の全国組織。この組織の前身である「引きこもり KHJ 親の会」は奥山雅久氏が長男のひきこもりをきっかけに 1999 年に埼玉県で設立した。2000 年「全国引きこもり KHJ 親の会（家族会連合会）」に移行し，2004 年 NPO 法人化，2015 年 12 月に現在の団体名に変更された。会員は約 4000 家族。会報『旅立ち』85 号によれば，2017 年 9 月現在，全国に 59 の支部団体（家族会）がある（北海道・東北 10，関東 13，東海

7，北陸7，近畿6，中国5，四国4，九州・沖縄7）。定例会や講座の開催のほか，ひきこもりへの公的支援の充実を求めて，国会議員，厚生労働省等へのロビーイング活動を精力的におこなってきた。KHJというアルファベットは当初「強迫性神経症・被害妄想・人格障害」の頭文字とされ，障害年金受給を会の活動目標の一つに掲げていたが，2014年度以降，KHJは「家族・ひきこもり・ジャパン」と解釈し直された。家族会という立場から「ひきこもり」問題の社会的解決に向けて取り組んでいる。　　　　　　　　　　【関水徹平】

追記
　本用語集に記された法規や施策などは，時々に変化しており，改めて読者諸氏によってインターネットなどによる確認を求めたい。

執筆者紹介 (執筆順 ＊は編者)

＊**石川良子**（いしかわ　りょうこ）
松山大学人文学部准教授
著書に『ひきこもりの〈ゴール〉』（青弓社，2007年），『ライフストーリー研究に何ができるか』（共編著，新曜社，2015年），『排除と差別の社会学〔新版〕』（共著，有斐閣，2016年）など

工藤宏司（くどう　こうじ）
大阪府立大学現代システム科学域准教授
著書に『「ひきこもり」への社会学的アプローチ』（共編著，ミネルヴァ書房，2008年），『方法としての構築主義』（共著，勁草書房，2013年）など

＊**古賀正義**（こが　まさよし）
中央大学文学部教授
著書に『〈教えること〉のエスノグラフィー』（金子書房，2001年），『質的調査法を学ぶ人のために』（共編著，世界思想社，2008年），論文に「ソーシャルスキルとは何か」（『現代思想』41巻5号，2013年）など

五味　靖（ごみ　やすし）
中央大学大学院文学研究科博士後期課程修了
論文に「児童自立支援施設における中卒児処遇の生活指導分析」（『国立青少年教育振興機構研究紀要』9号，2009年）など

山本宏樹（やまもと　ひろき）
東京電機大学理工学部共通教育群教職課程助教
著書に『悪という希望』（共著，教育評論社，2016年），『登校拒否・不登校問題資料集』（共著，創風社，2016年），論文に「不登校をめぐる〈包摂〉のゆくえ」（教育科学研究会編『教育』60巻5号，2010年）など

関水徹平（せきみず　てっぺい）
立正大学社会福祉学部専任講師
著書に『「ひきこもり」経験の社会学』（左右社，2016 年），『独身・無職者のリアル』（共著，扶桑社，2013 年），論文に「『ひきこもり』問題と『当事者』」（『年報社会学論集』24 号，2011 年）など

滝口克典（たきぐち　かつのり）
ぷらっとほーむ共同代表
著書に『山形ドキュメンタリーフィルムライブラリー・セレクション第 1 集　現代日本・若者たちの肖像』（編著，山形大学出版会，2009 年），論文に「社会教育研究に対峙する市民活動実践の自律性」（日本社会教育学会編『社会教育研究における方法論（日本の社会教育　第 60 集）』，2016 年），「就労支援のオルタナティヴに向けて」（『社会文化研究』16 号，2014 年）など

ひきこもりと家族の社会学

2018年1月30日　第1刷発行	定価はカバーに 表示しています

　　　　　編　者　　古　賀　正　義
　　　　　　　　　　石　川　良　子

　　　　　発行者　　上　原　寿　明

京都市左京区岩倉南桑原町56　〒606-0031
電話　075(721)6500
振替　01000-6-2908
http://sekaishisosha.jp/

世界思想社

© 2018　M. KOGA　R. ISHIKAWA　Printed in Japan
(印刷・製本　太洋社)
落丁・乱丁本はお取替えいたします。

JCOPY　<(社) 出版者著作権管理機構　委託出版物>

本書の無断複写は著作権法上での例外を除き禁じられています。複写される場合は、そのつど事前に、(社) 出版者著作権管理機構 (電話 03-3513-6969, FAX 03-3513-6979, e-mail: info@jcopy.or.jp) の許諾を得てください。

ISBN978-4-7907-1705-8